일상의
신학 4

제임스 H. 에반스 주니어
James H. Evans Jr.

침례교회 목사의 아들로 태어나 미시간 크랜브룩 대학교를 졸업했으며, 예일 대학에서
석사학위를, 뉴욕 유니온 신학 대학원에서 박사학위를 받았다. 1990년부터 콜게이트
로체스터 크로저 신학교의 조직신학 교수로 재직 중이다. 저서로는 *We Have Been
Believers: An African American Systematic Theology*(1993), *Spiritual
Empowerment in Afro-American Literature, Black Theology: A Critical
Assessment and Annotated Bibliography*(G. E. Gorman과 공저) 등이 있다.

옮긴이 홍병룡 | 연세   VP 대표 간사로
일했다. 캐나다 리젠트 킬   l 공부했다. 옮긴
책으로는 《거룩한 그루E   단이 되었는가》,
《그리스도인의 미덕》, 《조

KB218017

놀이

넘치는 기쁨을 노래하는 인생의 음표

일상의
신학 4

놀이

넘치는 기쁨을 노래하는 인생의 음표

제임스 H. 에반스 주니어

홍병룡 옮김

Playing

포이에마
POIEMA

놀이

제임스 H. 에반스 주니어 지음 | 홍병룡 옮김

1판 1쇄 인쇄 2013. 12. 26 | **1판 1쇄 발행** 2013. 12. 30 | **발행처** 포이에마 | **발행인** 김도완 | **등록 번호** 제300-2006-190호 | **등록일자** 2006. 10. 16 | 서울특별시 종로구 북촌로 63-3 우편번호 110-260 | 마케팅부 02)3668-3246, 편집부 02)730-8648, 팩시밀리 02)745-4827

값은 뒤표지에 있습니다. | ISBN 978-89-97760-27-5 03230 | 독자의견 전화 02)730-8648 | 이메일 masterpiece@poiema.co.kr | 좋은 독자가 좋은 책을 만듭니다. 포이에마는 독자 여러분의 의견에 항상 귀 기울이고 있습니다.

—
이 책을 사랑하는 손자, 크리스천 제임스에게 바친다.
그의 어린 시절이 즐거움과 놀이로
가득 차기를 바라는 마음으로.

우리의 일상생활은 기독교 신앙에 중요한 의미를 지닌다. 먹고 요리하고 일하고 걷고 쇼핑하고 놀고 자녀를 양육하는 것과 같은 일상적인 일과는, 하나님이 세상에 주시는 생명에 반응하는 다양한 패턴이다. 기독교 신앙은 인간 생활의 평범한 재료들과 관습들이 하나님의 임재에 의해 새롭게 변형된다고 주장한다. 단순한 음식물이 공동의 식사를 통해 그리스도의 몸으로 변한다. 물은 평범한 사람들이 그리스도의 이름으로 모일 때 새로운 탄생을 약속하는 상징이 된다. 변화된 가정은 하나님의 다스림을 드러내는 은유가 된다. 몸, 목욕, 식사, 가정 등이 기독교 신앙에 중요한 의미를 지니는 것은 하나님이 이런 일상의 관습과 재료들을 취하여 그분의 축복과 구속과 변혁의 도구로 사용하심으로써, 우리의 일상생활 중에 소망과 은혜를 반영하도록 만들기 때문이다.

기독교 신앙은 일상에서 도피하는 게 아니라 날마다 일어나는 평범한 일과 속에 깊이 스며든다. 이 시리즈는 일상의 관행을 신학적 성찰의 터전으로 삼는다. 우리가 일상의 습관에 주의를 기울이면 구속, 창조, 성육신 같은 고전적인 주제들을 새로운 빛으로 조명할 수 있다. 이 시리즈는 고전적인 교리들을 특정한 습관에 **적용하려는** 것이 아니다. 평범한 일과 이야기를 하면서 그런 일과에 몰입하는 것이 이 지구촌에서 그리스도인의 삶에 어떤 영향을 미치는지를 탐구하고, 그런 습관이 어떻게 신학의 모양새를 바꾸고, 또 신학이 어떻게 그런 습관의 모양새를 바꾸는지 상상해보는 것이 그 목적이다.

아울러 세계화 현상이 일상적 습관에서 어떤 의미를 가지며 이런 평범한 일과가 갈수록 더 좁아지는 세계와 (좋든 나쁘든) 어떤 연관성이 있는지를 탐구하고자 한다. 일상적 습관이야말로 세계적인 것이 지역적인 것이 되는 현장이기 때문이다. 우리는 추상적 이론으로 세계화를 접하지 않는다. 우리는 동네 식품점에서 지구 반대편에서 기른 식품을 사고, 다른 대륙에 사는 사람들과 친구관계를 유지하고, 일터에서 내리는 결정이 저 멀리 사는 이웃들에게 파장을 미치는 등 일상생활 속에서 세계화와 마주친다. 일상적 습관은 복잡한 세계화 현상에 인간의 얼굴을 씌워주고, 이 현상에 대한 신학적 성찰을 시작할 수 있는 계기를 마련해준다. 이런 습관들에 주의를 기울이면 지구촌의 희망 뿐 아니라 불의를 드러내는 데도 도움이 된다.

미국과 같은 소비사회에서는 일상적 습관의 무분별하고 소비 지향적인 양상이 종종 그 모습을 드러내기 때문에, 이 시리즈는 또한 일상적 관행이 어떻게 하면 하나님의 은혜로 말미암는 희 망과 정의를 반영하도록 변형될 수 있는지 몇 가지 구체적인 제 안도 내놓으려고 한다. 만일 일상적 습관이 세계적인 불의에 가 담하는 공모자라면, 또한 그것은 세상을 전혀 다르게 바꾸어놓 는 현장이 될 수도 있다.

이 시리즈에 속한 책들은 제각기 독특한 구조를 갖고 있지만 다음 세 가지 공통된 주제를 공유하고 있다. (1) 이 책들은 북아 메리카 사회의 특정한 관습들을 깊이 묘사한다. 21세기의 미국 사회에서 자녀를 양육하고 요리하고 옷을 차려입는다는 것은 어떤 모습일까? (2) 이 책들은 각 관습에 대해 다양한 기독교 전 통에서는 어떻게 이해하고 있는지를 살펴보고, 그 전형적인 형 태에 대한 더 나은 이해와 비판을 할 수 있도록 신학적 자원을 모색한다. 역사적으로 그리스도인들은 먹고 꿈꾸고 여행하는 것에 대해 무슨 말을 했으며, 그런 것은 오늘날 어떤 중요한 의 미를 갖는가? (3) 이 책들은 각 관습에 관해 구조적으로 재진술 하고, 평범한 습관들이 믿음과 신앙적 주제들을 어떻게 개조하거나 날카롭게 만들 수 있을지에 관해 탐구한다. 이런 습관에 주의를 기울이면 기독교 신학을 이해하는 데 어떤 영향이 있고, 거꾸로 신학에 주의를 기울이면 이런 습관을 이해하는 데 어떤 영향이 있을까? 각 책이 공유하고 있는 확신은 그리스도인다운 삶이란 일상생활 가운데서 가장 잘 마주칠 수 있다(그리고 종종 가장 잘 이해할 수 있다)는 것이다.

이 책들을 쓴 저자들은 구성신학Constructive Theology 정립 프로젝트의 실무그룹에 속한 사람들인데, 이 에큐메니컬 그룹은 기독교 전통을 비판하는 사람들과 대화를 하면서 신학을 가르치고 글을 쓰는 학자들로 구성되어 있다. 각자 신학적 입장과 교단의 배경은 무척 다양하지만 기독교 신학이 종종 부당한 목적을 위해 오용되었다는 점에 모두가 의견을 같이하고 있다. 여러 신학 전통들은 여성과 유색인종, 가난한 자와 GLBT(게이, 레즈비언, 양성애자, 성전환자) 등의 목소리를 묵살해왔다. 그러므로 우리가 시도하는 기독교 습관에 대한 구성적인 재진술 작업은 단순히 고전적인 기독교 전통들을 다시 진술하는 차원이 아니라, 그것들로부터 배우는 동시에 거기에 의문을 제기하기도 한다. 과거에 귀를 기울이는 동시에 그것을 비판하는 것이다. 마찬가지로 앞으로 우리의 후대 역시 우리로부터 배우는 동시에 우리를 비판하게 될 것이다.

교회의 역사를 통틀어 이제까지 수많은 목소리가 묵살되어왔다. 그러나 기독교 신학자는 교권과 사회적 권력의 통로 너머에 있는 목소리들에 반드시 귀를 기울여야 한다. 그 통로를 벗어나는 곳에 이르러야 기독교 신앙이 일상생활에 뿌리박고 있는 모습을 볼 수 있기 때문이다. 우리는 제각기 다소 다른 신학적 배경을 갖고 책을 쓰고 있지만(어떤 이들은 해방신학이나 여성신학과 같은 구체적인 학파를 염두에 둔다), 모두가 신학이 참으로 중요하다는 확신만큼은 공유하고 있다. 그것은 성찰하는 삶에 중요할 뿐 아니라 이 세상의 삶을 위해서도 중요하기 때문이다. 최상의 기독교 신학은 진정으로 풍성한 삶이 표출되는 한 가지 양식이다. 달리 말해서, 우리의 글은 오늘과 같이 경제적 계층화가 심화되고 생태적으로 위험에 처한 지구, 실로 죽음의 세력이 판을 치는 이 세상에서 은혜로 사는 풍성한 인생을 가리키는 이정표가 되어야 한다는 뜻이다.

　　우리는 가능한 한 전문 용어를 적게 사용하여 다양한 독자층이 읽을 수 있도록 했다. 아울러 이 시리즈는 신학교와 기독교 대학에서 신학입문, 윤리학, 기독교 영성과 같은 과목에서 사용될 수 있다. 또한 목회자들은 교회에서 설교와 상담과 가르침의 사역을 수행할 때 그리스도인의 삶에 대한 간단한 참고서로 활용할 수 있다. 뿐만 아니라, 각 책은 교회에서 열리는 성인 성경

공부반에서 교재로 사용하기에 적합하다.

많은 그리스도인들은 신앙을 일상의 삶으로 살아내는 법에 대해 배우고 싶어 하지만, 흔히 보수적인 접근은 종교적 다양성의 문화에 대한 대화 자체를 금하기 때문에 좌절감을 안겨준다. 이 시리즈는 일상적 습관과 세계화 현상과 기독교 신학에 대해 좀 더 진보적이고 문화적으로 깊이 있는 접근을 하게 해준다. 책이란 것은 어떤 답변을 제공하는 것 못지않게 중요한 질문을 던지는 일이 필요하다고 믿는다.

놀이는 흔히 경박한 행위를 연상시킨다. 우리는 충분한 시간과 여가가 있을 때나 힘겨운 일에 싫증을 느낄 때에야 놀이를 한다. 이런 식으로 이해하면, 놀이는 삶을 지탱해주는 진지한 노동으로부터 상당히 동떨어진 행위다. 그러나 제임스 에반스는 이 매력적인 책에서 전혀 다른 견해를 제시하고 있다. 놀이 행위는 바로 삼위일체 하나님을 믿는 기독교 신앙의 핵심부에 놓여 있다는 것이다. 그는 아프리카계 미국인의 문헌과 경험을 자세히 검토하고 기본적인 교리들을 재검토하는 작업을 통해 놀이를 전복적이고 혁명적인 활동으로, 우리를 숨 막히게 하는 사회구조와 권위체계 안에서 생명을 주는 신앙의 실천행위로 재정립해준다. 이 연구서에서 예수는 여러 놀이를 통해 생명을 배제하지 않고 생명을 주는 정치적·문화적·종교적 놀이꾼으로 등장하신다. 하나님은 우리를 놀이터에서 자유롭게 노는 존재로 창조하신다. 성령은 우리에게 놀이의 자유가 결코 끝나지 않는 하나님의 통치 영역으로 들어가라고 부르신다. 이 견해에 따르면, 놀이는 결코 경박한 행위가 아니라 생명의 박동 그 자체다. 에반스는 '살고' '일하고' '노는' 세계로 우리를 초대한다. 당신도 이 글을 즐겁게 읽고 나서 다시금 노는 행위를 시작하게 되기를 바라마지 않는다.

데이비드 H. 젠슨
(시리즈 편집자, 오스틴 장로교 신학교 교수)

머
리
말

내가 지난날을 회상하며 글을 쓰고 있는 이곳은 무척 어수선하다. 노년에 접어들어 나는 유별날 정도로 정리정돈에 신경을 쓰게 되었는데, 아내에게는 그런 모습이 우습기도 하고 좀 이상하게 보이는 모양이다. 약간 에둘러서 말하면, 서재에 침실에 운동실까지 겸한 이 작은 방에는 플라스틱 골프 세트와 장난감 트럭, 책… 세서미 스트리트Sesame street에 나오는 엘모Elmo를 연상시키는 온갖 물건들이 널려 있다.

　하나뿐인 우리 손자가 격주로 한 번씩 우리 집을 방문하는데, 그 아이가 가지고 놀던 물건들을 내가 모두 그대로 두었기 때문이다. 손자는 2007년 내 생일인 6월 17일에 태어났다 (그날은 아버지의 날이기도 했다). 내가 병실에 들어갔을 때 어린 아기, 아기의 엄마, 아기의 외할머니, 그리고 다른 몇몇 친척들이 시야에 들어왔다. 나는 얼른 상체를 굽혀 막 아이를 낳은 스테파니의 뺨에 입을 맞추었다.

내 삶에 찾아온 새로운 생명에게 가까이 다가갈 때는 곁에 있던 아내조차 잊어버릴 지경이었다. 손자를 안을 때는 기쁨과 평안으로 가슴이 충만했고, 그저 아기를 물끄러미 쳐다볼 수밖에 없었다. 그러고는 아들 주마네에게 아기의 이름을 물어보았다. 크리스천 제임스 에반스. 바로 그 순간부터 우리는 사랑의 끈으로 묶였으며, 당연한 말이지만 그 아이의 '함무니'(내 아내인 린다)에 대한 사랑을 제외하면 가장 강력한 사랑의 끈이었다.

나는 크리스천이 노는 모습을 통해 아이의 지혜가 자라며, 그 인생관이 나름대로 형성되는 것을 지켜보면서, 놀이라는 것이 인간의 발달과정에 얼마나 중요한 역할을 하는지를 새삼 깨닫게 되었다. 크리스천이 물건들을 본래의 설계와 다른 목적으로 사용하겠다고 고집하는 모습을 볼 때는, 놀이라는 것이 토마스 쿤이 말한 '패러다임 전환'의 핵심에 있다는 점을 알게 되었다. 새로운 발견은 놀이가 없이는 불가능하고, 경이감은 기쁨을 떠나서는 있을 수 없는 법이다. 크리스천의 아빠는 아주 어린 나이에 천재적인 골퍼가 되었는데, 내가 그의 두 번째 생일에 플라스틱 골프 클럽을 선물로 주는 바람에 그런 재능을 발견할 수 있었다 자부한다. 크리스천 역시 아버지의 재능을 물려받을 것을 확신하며 똑같이 골프 세트를 선물로 주었다. (내 아들의 재능이 나에게서 온 것이 분명히 아닌데도 그런 믿음을 가졌다는 것은 참으로 신기하다.) 그런데 크리스천이 자기 아빠가 자연스럽게 했던 대로 두 손을 모아 골프 클럽을 잡지 않고 하키 선수처럼 손을 벌려서 잡는 모습을 보고 나는 웃음을 참을 수 없었다. 그는 자기 발 옆에 플라스틱 공을 놓은 뒤에 거실 쪽으로 슬랩 샷을 날렸다. 그 기구 자체는 별로 중요하지 않았다. 크리스천은 골프 클럽을 손에 쥐고 하키 놀이를 하고 있는 것이다. 놀이는 우리에게 주어지는 것이 아니다. 놀이는 우리가 이미 지니고 있는 것이다. 놀이는 곧 우리의 존재 양식이라 할 수 있다.

크리스천이 좋아하는 장난감 중에 하나는 두더지 게임처럼 장난감 머리들이 불쑥불쑥 튀어나오는 상자인데, 장난감 망치로 튀어나오는 머리들을 두들겨 패며 노는 것이다. 그가 망치를 잡았을 때 나는, 본래 일의 도구로 설계된 망치가 그에게는 전혀 다른 것이 되었다는 것을 알게 되었다. 보통은 놀이를 일과 정반대되는 것으로 생각하기 쉬운데, 이 경우에는 전혀 달랐다. 크리스천이 닥치는 대로 망치를 휘두르는 모습을 보면서 놀이는 일의 반대말이 아니라, '염려 없는 일'이라는 생각이 들었다.

어쩌면 그 옛날 칼 마르크스가 소외된 노동을 분석하느라 진땀을 흘린 것이 바로 이것 때문이었을지도 모르겠다. 노동이 얼마나 쓸모 있는지에 따라 그 가치가 정해진다면, 염려가 생길 수밖에 없을 것이다. 수도사요 혁명가였던 마르틴 루터마저 일에 대한 염려를 붙들고 씨름했다. 그가 발견한 큰 돌파구는 공로로 의롭게 되리라는 염려로부터 해방되는 것이었다. 그는 결코 완전한 의미의 놀이를 수용하지는 않았지만, 그가 말한 세 가지 '오직 sola'은 일의 염려를 떨쳐버리려는 시도였다고 할 수 있다. '오직 믿음으로'는 놀이의 내적 근원을 가리키고, '오직 성경으로'는 놀이의 외적 근원을 가리키며, '오직 은혜로'는 놀이의 영원한 원천을 가리키는 것이다. 믿음은 우리에게 놀이에 대한 확신을 안겨준다.

우리 삶의 대본에 들어 있는 경험은 우리에게 놀 수 있는 장소를 제공해준다. 우리를 영원히 놀 수 있게 해주는 것은 다름 아닌, 흘러넘칠 만큼 주어지는 은혜다. 안타깝게도 루터가 말하는 '오직'은 홀로 행하는 경향을 띠고 있다. 어쩌면 수도원 생활에서 나온 결과인지도 모르겠다. 이런 루터의 '오직'을 바로잡아준 인물은 바로 장 칼뱅이었다. 칼뱅은 일과 관련된 염려, 심지어 구원의 일과 관련된 염려도 다른 사람들과 동떨어진 상태에서는 극복할 수 없다고 강조했다. 칼뱅의 영향력 아래 있었던 제네바는 철저한 사회계약과 집단적인 의무를 강조하면서 개인적 차원의 구원 추구가 낳는 소외의 문제를 다루긴 했으나, 놀이를 수용하여 그런 노력과 연관된 염려에서 벗어나지는 못했다.

크리스천에게는 놀이 동무들이 있는데, 나는 그 가운데 두 명을 알고 있다. 내가 바로 실존하는 첫 번째 놀이 동무다. 나는 크리스천이 장난감 박스를 바닥에 쏟아놓을 때 그래도 괜찮다는 시선을 던져주어야 할 동무다. 이 모든 것을 내가 정돈해야 한다는 생각 때문에 드러나는 불쾌한 표정을 반드시 감추어야 한다. 그런데 크리스천에게는 또 다른 놀이 동무가 있다. 이 동무는 실존적인 인물도 아니고 완전히 상상 속 인물도 아니다. 그는 유명한 세서미 스트리트에 나오는 엘모다. 엘모는 그 어떤 물건이나 사람을 닮지 않았기 때문에 어린아이들이 스스럼없이 그와 관계를 맺을 수 있지 않나 싶다. 엘모는 낯선 외모를 갖고 있지만 함께 놀아주는 친구다. 엘모는 어느 순간이든지 누가 있는지 항상 관심을 보인다. 그는 참을성이 많고, 어떤 일이 만족스럽게 끝날 때까지 기꺼이 거기에 몰두한다. 엘모는 눈에 띄는 빨간색을 하고 있지만, 다른 친구들과 다르지 않다.

얼마 지나지 않아 크리스천은 손을 뻗어 안락의자에 앉아 있는 나를 잡고, 노트북 컴퓨터를 가리키며 그것을 내 무릎에 올려놓고 자기와 함께 앉으라고 재촉하면서 "엘모!"라고 소리를 지른다. 내가 동영상 하나를 찾아 헤드폰을 씌워주면 금방 조용해진다. 엘모가 자기 일을 하는 동안에 아이는 조용히 있지만, 이제 곧 놀이가 시작된다. 화면에 나타나는 이미지와 개념과 말들은 제자리를 찾으려고 다툰다. 아장아장 걷는 아이와 안전하고 순수한 관계를 맺는 그 빨간 꼭두각시에게는 분명히 뭔가 특별한 것이 있다. 크리스천이 장래에 만날 놀이 동무는 무척 다양할 것임을 나는 알고 있다. 그 가운데는 무례한 이들도 있고, 예의 바른 이들도 있을 것이다. 어떤 이들은 인내심이 많고, 또 어떤 이들은 끈질길 것이다. 밝은 빨간색을 띤 엘모는 인종과 계층과 성性의 현실에 점차 자리를 양보하게 될 것이다. 크리스천의 엄마 가족은 백인이고 아빠 가족은 아프리카계 미국인인 만큼, 장차 그가 직면할 인종 관계는 내가 경험하는 것과 다를 가능성이 많다. 앞으로 그가 실망할 만한 일이 많겠지만, 노인들이 아기의 웃음을 보고 한 말이 사실이기를 바랄 뿐이다. "아기들은 천사들과 놀고 있다."

이 회상과는 전혀 관계 없는 일이 생겨, 같은 교회에 다니는 한 친구를 만나러 가는 동안 어떤 섭리를 체험한 적이 있다. 일상의 습관에 대한 기독교적 성찰을 다루는 이 시리즈에 필자가 되기로 동의했다는 사실이 문득 떠올랐다. 나는 깊이 생각하지도 않은 채 놀이라는 주제를 맡기로 자원했던 것 같다. 경위야 어찌됐든 이 주제를 내가 맡게 된 것이다. 그래서 나는 이 주제에 뛰어들도록 끌어줄 만한 갈고리 혹은 손잡이를 찾으려고 내 기억 장치에 담긴 자료를 이리저리 뒤지고 있었다. 그러다가 대학원 시절에 놀이의 신학에 대해 무언가를 읽으면서 그것을 연구하려고 머릿속으로 구상했던 일이 생각났다. 그 순간 자동차를 몰고 주차장에 들어가는데, 내 친구가 일하는 곳 표지판이

마치 처음인 양 내 눈에 들어왔다. 거기에는 '스트롱 놀이 박물관the Strong Museum of Play'이라는 간판이 붙어 있었다.

이 박물관은 본래 세계적으로 유명한 인형 수집소로 시작되었다. 후원자였던 마가레트 우드베리 스트롱은 상당한 재력을 소유한 여성이었고, 사실 조금 괴짜같기도 했다. 그녀는 온갖 유형과 계층에 속한 인형들을 수집했다. 사치스러운 자기磁器 인형에서부터 누더기 옷을 걸친 앤과 앤디 유형에 이르기까지 모든 종류를 망라했다. 또 그것들은 우리가 생각할 수 있는 모든 나라와 문화에서 온 것들이었다. 그것은 문자 그대로 수천 개에 달했다. 인형들은 유리 상자에 보관되어 있었고, 관람객들은 볼 수는 있지만 만질 수는 없었다. 스트롱 여사는 이 박물관을 후원하고 발전시키도록 상당한 기금을 유산으로 남겼다. 박물관의 행정부서는 이 인형들이 본래는 가지고 놀기 위한 것이라는 점을 인식하고 있었다. 그래서 어린이들이 인형을 가지고 놀도록 허용하는 일은 비현실적인 사안이긴 했지만, 어린이들이 더 잘 놀 수 있도록 박물관의 다른 모든 것을 개념을 재정립하고 개조하기에 이르렀다. 지금은 수천 명의 어린이들이 수집용 인형을 제외한, 박물관에 있는 모든 인형을 직접 만지며 가지고 놀기 위해 몰려들고 있다. 수집용 인형은 위층으로 옮겨놓고 거의 전시도 하지 않은 채 보관만 하고 있다. 스트롱 여사의 일차적 관심은 인형이 아니라 어린이들에게 있었다는 것은 참으로 칭찬할 만한 면이다. 이런 이유로 그 박물관이 처음에는 스트롱 어린이 박물관으로 알려졌던 것이다.

3년 전쯤 이 박물관은 공식적으로 그 명칭을 스트롱 놀이 박물관으로 바꾸었다. 박물관에 상주하는 박사학위를 가진 연구원들은 놀이의 중요성에 관해 연구조사를 했다. 현재 이 박물관에 들어서면 "놀이는 최고 형태의 연구 활동이다"(앨버트 아인슈타인)라든가 "인생은 놀이하듯 살아야 한다"(플라톤) 같은 함축성 있는 인용문을 접할 수 있다. 이제 섭리의 손길은 한층 더 깊어졌다. 당시 그 박물관의 부관장으로 있던 친구를 만나서 내가 놀이에 관한 연구를 할 것이라고 일러주었다. 그는 곧바로 캐비닛을 열어 박물관의 비전을 키우는 데 기여한, 놀이 철학 담당 연구원이 쓴 연구 논문 한 권을 꺼내 나에게 건네주었다. 그러고는 2007년 4월 말에 놀이 분야에서 일하는 여러 학자가 그 박물관에 모여 국제회의를 열 계획이니 거기에 참석하라고 나를 초대해주었다.

박물관을 떠나면서, 앞으로 거기서 어린이들이 자연스럽게 노는 모습을 계속적으로 접하며 놀이의 신학적 의미에 대해 더욱 이해하게 될 것 같았다. 그 순간 예수께서 하신 말씀, 곧 "너희가 어린아이와 같이 되지 아니하면 하나님나라를 볼 수 없다"

라는 말씀이 머릿속에 떠올랐다. 내 마음은 일상생활에서의 놀이의 의미와, 놀이가 어떻게 하나님을 **이해하고 구현하고 표출하도록** 돕는지에 관한 온갖 의문들로 가득 찼다. 방금 사용한 단어는 놀이에 대한 삼위일체적인 관점을 반영하기 위해 의도적으로 사용한 것이다. 하나님은 인식작용을 통해서만 만날 수 있는 실재다. 이것이 하나님을 이해한다는 말에 담긴 뜻이다. 그럼에도 하나님은 초월적인 분이기에 우리가 파악할 객체가 아니라 우리에게 인식되는 주체가 된다. 하나님은 또한 몸으로도 구현되는데, 그렇다고 우상과 같이 인간이 제작한 것으로 구현된다는 말은 아니다. 우리 몸이 우리 손으로 만든 게 아니라 우리에게 주어진 것이듯, 성육신한 예수님 안에 계신 하나님은 우리 손으로 만든 게 아니라 우리에게 주어진 분이다. 우리가 알 수 있고 또 우리에게 주어진 하나님은 우리를 통해 표출되기도 한다. 영이신 하나님은 우리 속에 들어와서 우리 안에 자리를 잡으시고 우리로부터 발현되기도 한다. 이 발현 과정을 통해 하나님은 세상에 표출되는 것이다.

이 프로젝트를 시작할 때, 놀이 행위와 그리스도론의 관계에 관한 몇 가지 가벼운 질문이 떠올랐다. 첫째, 혹시 우리는 생애 초기부터 예수님과 놀아서는 안 된다고 배우지는 않았는지 궁금했다. 내가 속했던 공동체에서는 종교적인 것에 접근할 때는 반드시 경건한 자세를 강요했고, 어린이들에게는 더더욱 그런 태도를 요구했다. 때로는 놀이하는 교회가 용납되기도 했지만, 대개는 눈살을 찌푸리게 했다. 우리는 "하나님께 휘두르기에는 네 팔이 너무 짧다"거나 "예수님과 장난치지 마라" 하거나 "성령을 시험하지 마라" 하는 일종의 삼위일체적인 경고를 받기 일쑤였다. 이런 경고를 잠시 살펴보면 모두 놀이의 여러 측면을 언급하고 있음을 알 수 있다. 경쟁과 경박성과 실험 등이 그것이다. 공동체 밖에 있는 사람들이 우리의 종교적 습관을 가볍게 여기는 현실을 감안하면 그런 권고를 충분히 이해할 수 있지만, 우리 신앙을 자라게 하고 적대적인 문화에서 접하는 변화무쌍한 도전에 적응하도록 돕는 것은 바로 예수님과 놀 수 있는 능력이 아닐까 하는 생각이 불쑥 든다.

놀이는 아주 다양한 활동과 관점을 내포하고 있다. 단순히 블록을 이런저런 식으로 쌓는 것에서부터 장기나 골프를 섭렵하겠다고 결심하는 것에 이르기까지 무척 다양하다. 어떤 문화권에서는 즐거운 놀이로 통하는 것이 다른 문화권에서는 불경스러운 것이 되기도 한다. 그러면 놀이 그 자체에 본래 신학적인 면이 있는 것일까? 기독교적인 놀이라는 것이 과연 있을까? 어떤 상황에서 놀이가 계시의 성격을 띠게 되는 것일까? 이런 수많은 의문들이 전혀 뜻밖의 순간에 내 머릿속에서 이리저리 춤을 추곤 한다. 그런 의문들이 관념의 세계에서 서로 접촉하고 이데올로기의 숨바꼭질 속에서 스스로를 숨기고 드러내는 등 서로 쫓고 쫓길 때, 나는 그들이 가벼운 놀이를 하고 있다는 것을 알곤 마음을 놓는다. 그런데 예수님도 놀고 계실까?

이 책에 나오는 내용은 건설적인 신학 정립을 위해 재능이 충만하고 창조적인 학자들이 과제를 수행하여 얻은 열매다. 그 과제는 일상적인 습관을 신학적 성찰과 연결하는 일이었다. 놀이가 바로 그것에 해당한다. 이 프로젝트를 계기로 나는 우리가 흔히 당연시 여기는 것을 곰곰이 생각해보고, 무엇이 나에게 가장 중요한 질문인지를 물어보게 되었다. "이 습관의 신학적인 의미는 무엇인가?" 나는 신학을 삶과 연관된 것으로 여기기 때문에 놀이의 문화적·사회적 차원들도 중요한 관심의 대상이 되었다.

이 기회에 함께 연구했던 동료들의 격려에 심심한 감사를 표하고 싶다. 그리고 뉴욕 로체스터에 있는 스트롱 놀이 박물관에서 일하는 동료들이 놀이에 대한 토론에 우리가 참여하도록 허락해주고 친절을 베풀어준 데 감사하는 바다. 특히 이 책 곳곳에 실린 여러 인용문에 담겨 있는 놀이에 대한 생각들은 그들에게서 나온 것임을 밝히고 싶다. 그 가운데서도 박물관 관장인 롤리 애덤스 씨와 부관장인 내 친구, 그리고 내가 담임목사로 섬기고 있는 세인트 룩 테버너클 커뮤니티 교회의 교인이자 박물관 직원인 리처드 베틀 씨에게 특별히 감사를 표하고 싶다. 아울러 나를 도와준 연구진 전체와 방문객 담당 직원들에게도 감사한다. 끝으로, 언제나 한결같은 사랑을 보여준 아내 린다에게도 감사한다. 하지만 무엇보다도 이 책을 사랑하는 손자, 크리스천 제임스에게 바친다. 그의 어린 시절이 즐거움과 놀이로 가득 차기를 바라는 마음으로.

—
놀이하는 사람은
좀처럼 스트레스로 무너지지도 않고
유머가 지닌 치유의 능력을
잃어버리지도 않는다.

놀이란 무엇인가?

playing

요즘처럼 시간과 공간을 더 이상 넘을 수 없는 벽으로 여기지 않는
세상에서 사는 것에 관해 놀이의 개념은 무엇을 말하는가?

나는 이보다 더 적절한 근거를 찾을 거야. 놀이가 바로 그거야.
그것으로 왕의 양심을 붙잡을 거야.
_《햄릿》 2막

이 책의 목표는 상당히 소박하고 구조도 무척 단순한 편이다. 신학을 배우는 사람은 이 책의 삼위일체적인 틀을 금방 알아볼 것이다. 크게 보면 세 개의 장章으로 구성되어 있다. "어둠 속의 놀이"라는 제목이 붙은 2장에서는 하나님을 이해하는 하나의 토대로서 놀이의 개념을 살펴본다. "놀이꾼은 미워하지 말고 게임을 미워하라"라는 제목이 붙은 3장에서는, 2장에서 내린 결론을 바탕으로 "예수님은 놀이터에서 논다"라는 말이 무슨 뜻인지를 탐구한다. "놀이하는 인간, 교회 그리고 우주"라는 제목이 붙은 4장에서는, 놀이의 개념에 비추어 기독교의 성령론과 교회론의 중심이라 생각되는 자발성을 고찰한다. "온 세상에서 벌이는 놀이"라고 이름 붙인 에필로그에서는 세계적인 습관으로서의 놀이 개념을 대략 살펴본다. 요즘같이 시간과 공간을 더이상 넘을 수 없는 벽으로 여기지 않는 세상에서 사는 우리에게 놀이란 무엇일까?

다음 장에서 이런 이슈와 의문들을 충분히 다루기 전에 먼저 이 프로젝트와 관련한 놀이의 개념을 개관할 필요가 있다.[1] 이 장 초두에 인용된 문장은 윌리엄 셰익스피어의 희곡 《햄릿》의 주인공이 한 말이다. 자신의 삼촌인 클라디우스 왕이 자기 아버지를 살해했다는 말을 유령에게서 들은 햄릿은 희곡을 쓰고 무대 위에 올린다. 그 희곡의 목적은 오락을 뛰어넘는 것, 즉 살인에 관한 진실을 이끌어내는 것이다. 바로 이런 맥락에서 햄릿은 "놀이가 바로 그거야"라고 선언한다. 여기서 놀이는 물론 희곡 작품을 가리키지만, 보다 넓은 의미의 놀이는 독특한 방식으로 현실에 접근해 그것을 전유하고자 하는 욕망과 관련이 있다.

놀이의 개념은 학문적 맥락과 역사적 맥락에서 폭넓게 탐구되어왔다. 철학에서 심리학과 사회학, 문학 이론과 문화 연구 등에 이르기까지 놀이의 개념은 하나의 중심적인 모티브 역할을 해왔다. 놀이는 범세계적 보편성을 갖고 있는 인간의 습관이므로, 그에 대해 간단한 정의를 내리기란 무척 어렵다. 그러므

인생은 놀이하듯 살아야 한다.
_플라톤

로 이후에 내가 제시한 것은 놀이에 관한 대화를 나누기 위해 잠정적으로 제공된 정의일 뿐이다. 여기서 놀이와 관련된 몇몇 중요한 사상가들을 소개하는 것은 놀이의 본질에 대한 기본적인 통찰을 보여주기 위함이다. 내용인즉 놀이는 진실에 이르는 길이라는 것이다. 여기서 탐구하는 사상은 두 가지 축을 지니고 있는데, 하나는 연대기적인 순서이고 다른 하나는 주제의 연속성이다. 여기에는 이런 가정이 깔려 있다. "놀이라는 것은 공시적共時的 차원과 통시적通時的 차원을 모두 고려할 때 가장 잘 이해할 수 있다."

인간의 놀이

12세기 초 생물학과 동물학, 그리고 당시에 새로 출현한 심리학과 사회학 등에 대한 과학적 관심이 커지면서 놀이의 개념은 학문적 탐구의 전면에 부상했다. 이 분야에서 유명했던 학자 카를 그로스Karl Groos는, 처음에는 동물의 놀이에 초점을 맞추었다. 그런데 그가 인간의 놀이로 주의를 돌리자 비로소 그 개념의 중요성이 드러나기 시작했다. 그의 기념비적인 저서인《인간의 놀이 The Play of Man》는 놀이의 개념을 인간의 두 가지 주요 충동을 이해하는 토대로 간주하고 있다.

첫째 것은 실험의 충동이고, 둘째 것은 모방의 충동이다. 그로스는 동물의 행위에 관한 연구에서 인간 행위에 관한 연구로 전환하는 과정에서 '본능'과 '충동'의 차이점을 놓고 씨름했다. 그는 이렇게 말한다. 인간의 놀이에

관해 생각할 때, "본능이란 단어를 적용할 수 있지만 모든 곳에 보편적으로 적용하긴 어렵다. 이 경우에는 동물의 놀이를 분류할 때보다 훨씬 더 문제가 많다. … 본능이란 단어는 흔히 유전적으로 물려받은, 특정한 자극과 신체적 반응 사이의 연관성으로 정의되지만, 그것이 전부는 아니다. … 그렇기 때문에 놀이는 '선천적이거나 유전적인 충동'의 산물로 논하는 것이 더 안전하다."[2] 이런 선천적이거나 유전적인 충동은 실험과 모방을 하고픈 인간의 욕구를 뒷받침해준다. 실험을 통해 인간은 자신의 물리적 환경과 인지작용과 개념적인 가정을 테스트한다. 모방을 통해 인간은 생존과 연애와 사랑의 드라마를 재현하거나 재창조함으로써 우리가 아는 현실에 영향을 주고자 한다. 그로스는 결국 놀이야말로 인간 실존의 생리학적·생물학적·심리학적·미학적·사회학적 그리고 교육학적 차원의 중심에 있다고 결론 내린다.

호모 루덴스

요한 하위징아Johan Huizinga가 쓴, 놀이에 대한 독창적이면서도 논란이 많았던 저서는 놀이 연구 분야에서 여전히 기준서의 역할을 해주고 있다. 하위징아는 독일이 점령했던 네덜란드에서 1945년에 죽은 역사학자다. 그는 의사를 비롯한 전문직 종사자들이 많은 메노나이트 가정에서 태어났다. 그런데도 그는 스스로 "침례교 설교자들과 지방 농부들"의 후손이라고 말한 바 있다. 주요 저서인 《호모 루덴스: 놀이하는 인간Homo Ludens》에서 그는 놀이야말로 인간의 정체성과 운명의 근본적인 특징이라고 주장한다. 이전의 사상가들은 호모 사피엔스Homo Sapiens와 호모 파베르Homo Faber 같은 범주들을 정립했다. 하지만 하위징아는 인식하는 존재로서의 인간은 불충분하고, 일하는 존재로서의 인간은 왜곡된 이미지라고 생각했다. "**지성**이 밀어닥쳐 우주의 절대적 결정론을 무너뜨릴 때에야 비로소 놀이의 가능성이 열리고, 놀이를 생각할 수 있고, 놀이를 이해할 수 있다"고 말한다.[3] 하위징아에게 놀이는 "특별한 형태의 활동이고… 일상생활과는 달리 그 윤곽이 뚜렷한 행동이다."[4]

놀이에 관한 대부분의 학문적 연구가 그렇듯이 여기서도 놀이의 개념은 정확히 정의되지 못했다. 하위징아는 놀이의 특징을 몇 가지 열거하는 것으로 만족해야 했다. 놀이는 일상적이거나 현실적인 삶이 아니라 자발적인 활동이다. 놀이는 별도로 분리된 상황에서 이루어지는 활동 혹은 제한성을 지닌 활동이다. 놀이는 무언가를 창조하는 활동 혹은 일종의 질서다. 놀이는 무언가 은밀한 것으로 그 자신을 둘러싸고 있다.

우리는 놀이를 통해 우리가 어떤 사람인지를 드러낸다. _오비드

하위징아는 놀이가 심리학적 차원과 생리학적 차원을 지니고 있음을 인정하면서도 주로 사회학적 기능과 문화적 기능에 초점을 맞춘다. 사회학적으로 말하면, 놀이는 사회질서를 확립하고 정당화해주는 활동이다. 또한 사회집단들과 계층들 사이의 관계를 규정하고 개개인으로 하여금 자신에게 유리한 방향으로 사회학적 놀이터를 협상하도록 해준다. 문화적으로 말하면, 놀이는 문화적 이념과 유물을 창조하고 변혁시킨다고 할 수 있다. 놀이를 통하여 집단의 공동체적 기억이 보존되고 전수된다. 놀이는 집단 내의 고유한 갈등이 사회조직을 파괴하지 않으면서 표출되고 해소되도록 돕는다. 아울러 놀이는 그 집단의 목적과 목표를 상기시킨다. 놀이는 어느 사회든 그 사회에 중요한 것을 드러내주기도 한다. 하위징아의 말을 들어보자.

어떤 놀이 요소가 문화적 작용이 진행되는 내내 굉장히 능동적인 역할을 한다는 것, 그리고 기본적인 사회생활의 여러 형태를 낳는다는 것을 보여주는 일은 이제까지 별로 어렵지 않았다. 문화보다 더 오래된 장난기 어린 경쟁 정신은 일종의 사회적 충동으로서 마치 왕성하게 발효하는 효소처럼 모든 문화생활 속에 스며들어 있다.

의례는 성스러운 놀이 속에서 자라났고, 시詩는 놀이 속에서 태어나서 놀이를 영양분으로 삼았다. 음악과 춤도 순수한 놀이였다. 지혜와 철학은 종교적 논쟁에서 유래된 언어와 형식으로 표현되었다. 전쟁의 규칙, 고상한 삶의 관습은 놀이 패턴 위에 세워졌다. 그러므로 문명은 가장 초기 단계에서는 일종의 놀이였다고 결론을 내려야겠다. 문명은 아기가 엄마의 모태에서 떨어지듯이 **놀이로부터** 분리되는 것이 아니고, 놀이 **안에서** 그리고 놀이**로서** 발생하고, 결코 그것을 떠나지 않는다.[5]

그리고 하위징아는 놀이를 우리가 이따금 행하는 활동 이상의 것이라고 주장한다. 그것은 본질적으로 우리가 누구인지를 보여주는 것이다.

인간, 놀이 그리고 게임

로제 카이와Roger Callois는 하위징아의 사상을 찬미하는 동시에 비판하는 인물이었다. 프랑스의 사회학자인 카이와는 놀이를 자유로운 활동으로 보는 하위징아의 기본 개념에 긍정적인 반응을 보인다. 그러나 하위징아가 너무 이상적인 관념을 지니고 있다고 비판한다. 내용인즉 놀이의 정치적 맥락을 중요시 여기지 않는다는 것이다. 이런 비판의 저변에는 하위징아가 나치 점령하에서의 놀이가 지닌 혁명적인 성격을 제대로 검토하지 않았다는 의심이 깔려 있다. 카이와는 모든 놀이는 그런 자유가 발휘되는 특정한 공간적·시간적 맥락 속에서 일어난다고 주장한다. 그래서 그는 놀이를 다음과 같이 정의한다.

자유로움: 놀이는 의무적으로 하는 일이 아니다. 만일 의무적인 활동이라면, 머리를 식히는 오락이 가진 매력과 즐거움을 단번에 잃고 말 것이다.

분리: 놀이의 공간과 시간이 미리 정해져 있으며 어떤 범위 내에 한정되어 있다.

불확실성: 놀이의 흐름은 미리 정해져 있지 않고 그 결과도 사전에 알 수 없다. 혁신을 시도하는 일도 어느 정도 놀이꾼의 손에 달

려 있다.

비생산성: 재화나 부富는 물론이고 어떤 종류의 새로운 물질도 전혀 생산하지 않는다. 단, 놀이꾼들이 서로 자산을 교환하지만 결국에는 게임의 초기와 같은 상황으로 끝난다.

규칙의 지배: 일반적인 법칙을 일시적으로 중단하고, 잠시 새로운 법칙을 세울 수 있다.

> 인간은 놀이하는 어린이의 진지한 태도에 도달할 때 진정한 자아에 가장 가까운 모습을 보인다.
> _헤라클리투스

흉내 내기: 현실적인 삶과 상반되는 제2의 현실 혹은 자유로운 비非현실에 대한 특별한 인식을 수반한다.[6]

한 마디로 카이와는, 놀이라는 것은 게임의 맥락 안에서만 이해할 수 있다고 주장한 셈이다. 게임은 놀이가 일어나는 데 필요한 형식을 제공해준다. 게임은 놀이를 위해 규칙과 시간과 공간을 제공한다.

카이와는 놀이를 경쟁, 우연, 모방, 현기증 등 네 가지 범주로 분류한다. 즉, 경쟁적인 게임(스포츠), 우연의 게임(도박), 모방의 게임(비디오 게임이나 가상현실 게임), 그리고 본인의 정체가 가려지거나 현실 인식이 일시적으로 바뀌는 문화 게임(흉내 내기와 뱅글뱅글 제자리 돌기)이 있다는 것이다. 이런 유형들은 어린이의 능동적이고 열광적이고 자발적인 놀이*paideia*와 계산적이고 부자연스럽고 규칙에 따른 어른의 놀이*ludus* 사이에 있는 축을 따라 움직인다. 카이와는 놀이 자체를 게임의 맥락에서 노는 것으로 생각하는 데서 더 나아간다. 그러나 그가 놀이 연구에 가장 크게 기여한 점은 "놀이는 자유로운 활동이다"라는 주장에 대해 "어떤 경계 내에서 그러한가?"라고 질문해야 한다고 주장한 것이다.

> 대부분의 창의성은 목적 지향적인 놀이를 포함하고 있다.
> _에이브러햄 매슬로

수사, 재현, 공연으로서의 놀이

오늘날 놀이 연구 분야에서 가장 유명한 학자는 아마도 브라이언 서튼스미스Brian Sutton-Smith일 것이다. 그는 오랫동안 화려한 경력을 쌓은 뒤에도 여전히 감을 잡기 어려운 놀이를 이해하려고 애쓰고 있다.

놀이의 의미를 찾으려고 40년을 노력한 끝에 내가 분명히 깨달은 점은 놀이의 모호성을 이해하려면 여러 학문의 도움이 필요하다는 것이다. 그런데 그런 분야들에 그토록 많은 암묵적 이데올로기의 수사학이 따르는 것을 감안하면, 놀이라는 주제에 직접적으로 접근하기가 어렵다는 점도 분명해졌다. 그러므로 움베르토 에코가 《장미의 이름 *The Name of the Rose*》이라는 소설에서 사용했던 방법을 도입해야 한다. 그는 일단의 중세 수도사들이 하나님이 무엇인지를 말하는 것이 불가능함을 깨닫고 하나님이 무엇 **아닌지**를 밝혀내는 데 몰두했던 것이다. 그래서 그들이 손으로 쓴 성경의 여백은 도무지 존재할 수 없었던 무의미한 피조물들과 불가능한 행위를 보여주는 예술적인 장난기로 가득 차 있다. … 나도 때로는 그와 비슷하게 간접적이고 무의미한 방식으로 놀이의 의미에 접근하려고 애쓴다.[7]

서튼스미스는 놀이에 대해 어리둥절할 만큼 다양한 관점이 있는 것은 그것이 본래 모호하기 때문이라고 말한다. 대다수 사람들은 놀이를 접할 때 그것이 무엇인지 알지만, 놀이를 간명하게 묘사하는 일은 전혀 별개의 문제다. 놀이를 이론적으로 정립하기 어려운 것은 바로 이런 모호성 때문이다. 그 대신 서튼스미스는 수사학적 접근을 제안한다. 말하자면, 놀이의 다양한 측면들은 그에 관해 특정 방식으로 말할 것을 요구한다는 뜻이다. 그는 케네스 버크, 루드비히 비트겐슈타인, 토마스 쿤 등의 저작에 의거하여 놀이의 수사학은 놀이의 특성 자체의 것으로 보아야 한다고 결론을 내린다.

서튼스미스는 놀이와 모호성과 수사학에 관한 연구에 이어, 놀이를 기본적인 사회적 드라마 혹은 진화적 드라마의 재연으로 보는 이론을 재조명한다. 그래서 "고전적인 재현 이론들 reca-pitulation theories에 따르면, 개체의 발달 (개체 발생)은 그보다 앞선 종이 생물학적으로 밟은 단계와 비슷한 단계를 밟는다(계통 발생)고 한다"[8]라고 말한

> 문명화된 인종은 일 잘 하는 기술에다 잘 노는 기술을 더할 것이다.
> _조지 산타야나

다. 놀이의 특성을 색다른 분위기에서 행하는 자유로운 활동으로 강조하는 견해들과는 달리, 놀이를 재현으로 보는 견해는 서로 상반된 정서들이 안전한 상상의 공간 내에서 표출됨에 따라 정서적 균형이 회복되는 재창조, 연습, 혹은 재연임을 강조하고 있다.

서튼스미스는 마침내 이런 결론을 내린다. "만일 이 재현 이론이 타당하다면, 그것은 결국 우리가 많은 문명의 발달을 이룩했음에도 불구하고, 모든 놀이의 형태는 근본적으로 포유동물 수준의 형태로 아직까지 남아 있다고 말하는 셈이다. 그러니까 결국은 다툼(경쟁심), 행사(소속감), 탐험(색다름), 공연(전시) 등과 같은 것들이고, 거기에다 인간적 놀이로서 장난(유머)과 상상(정신적 놀이)이 추가될 뿐이다. 이 모든 놀이는 — 예전의 형태와

새로운 형태를 막론하고 — 포유동물의 진화 과정의 일부였던 일차적 정서와 이차적 정서 간의 새로운 균형 잡기를 재현하는 것일 뿐이다."[9]

서튼스미스는 놀이의 수사학적 측면과 재현의 측면뿐 아니라 공연으로서의 놀이에 관해서도 탐구했다. 이런 의미에서 놀이, 예컨대, 엄마와 아이 간의 놀이, 두 친구 간의 놀이, 혹은 연극이나 영화에서 두 배우 간의 놀이는 일종의 공연이라고 할 수 있다.[10] 이 모든 경우에 참여자들은 자신이 아닌 다른 사람이 되도록 허용된다. 특정한 사회적 맥락과 정치적 맥락에서는 이런 놀이가 정상적인 사회적 관습을 깨뜨리기도 한다. 가령, 하층 계급이 사회적 엘리트의 배역을 맡아서 그 계급을 웃기는 인물로 묘사하는 공간을 만들어준다. 달리 말하면, 놀이는 첫째가 꼴찌가 되고 꼴찌가 첫째가 되게 하는 맥락이라는 뜻이다.

20세기 후반부터 학자들은 놀이의 개념을 더욱 개발하고 확대했다. 그들의 기본 전제는 놀이의 힘이야말로 인간 실존의 전반적인 구성 성분이라는 것이다. 여러 저자들이 놀이의 개념이 다양한 분야에서의 지적 탐구와도 연관되어 있음을 보여주려고 노력했다.[11] 이제까지 다룬 내용은 놀이의 개념을 간략하게 개관한 것인데, 이 중에서 중요한 부분들은 이 책의 본론으로 이어진다.

놀이의 구조

　놀이는 우리가 날마다 행하는 그 무엇이다. 일상적인 습관이라는 말이다. 대다수의 일상적 습관이 그렇듯이, 놀이에 담긴 깊은 의미, 놀이와 인간 실존의 다른 측면들과의 관계, 그리고 어떤 맥락을 조성해주는 놀이의 특성 등은 흔히 간과되고 있는 형편이다. 이를 달리 표현하면, 놀이는 신학적인 특성을 지니고 있다고 할 수 있다.

　놀이의 의미를 다룬 문헌은 상당히 많아서 여기서는 그 가운데 일부만 개관했을 뿐인데, 이제 이 시점에서 본 연구의 목적상 잠정적으로나마 놀이의 정의를 내리는 일이 필요하다. **놀이란 자유와 구조 사이, 주체와 객체 사이, 창조와 모방 사이의 간극에서 일어나는 일련의 활동 혹은 습관이다.** 첫째, 놀이의 중요한 특징 중 하나는 자유로움이다. 놀이한다는 것은 경계선을 넘고 새로운 공간을 발견하는 활동과 습관에 참여한다는 뜻이다. 하지만 놀이를 즐겁게 만드는 것은 누구 혹은 어떤 것에 대항하여 놀이할 때이다. 그렇기 때문에 대개 놀이는 게임의 형태로 일어난다. 이 게임은 그냥 주어질 때도 있고, 어떤 목적을 위해 만들어지는 경우도 있다. 그러나 놀이에 역동성을 주는 자유로움은 놀이에 그 형식을 주는 구조에 의해 균형이 잡힌다.

놀이의 가장 순수한 양상은 자유와 구조를 차별 없이 모두 지니고 있는 것이다.

둘째, 놀이는 주체적이고 객체적인 측면을 모두 지니고 있다. 놀이꾼은 주체이고 놀이의 내용은 객체에 해당한다. 그래서 놀이에 종종 장난감이나 도구가 포함되는 것이다. 하지만 장난감이나 도구가 항상 그런 목적으로 고안된 것은 아니다. 주체는 무엇이든지(종이상자, 텔레비전 리모컨, 항아리, 깡통 등) 장난감이나 도구로 전환할 수 있다.

그냥 놀아라. 재미있게 놀아라. 게임을 즐겨라. _마이클 조던

셋째, 놀이는 창조적이고 모방적인 측면을 지니고 있다. 놀이는 창조성이 발휘되는 활동이다. 새로운 방법이 만들어지고 새로운 세계가 빚어진다. 놀이는 우리가 몸담고 있는 세계의 여러 제약으로부터 우리를 해방해준다. 그렇기 때문에 놀이는 상상력을 필요로 하는 것이다. 하지만 놀이는 또한 세계를 모방하는 활동이기도 하다. 놀이는 모방의 기능을 지니고 있다.[12] 이런 의미에서, 놀이는 우리가 살고 있는 현실 세계와 우리를 연결해준다. 그래서 놀이는 훈련이 필요한 것이다.

앞서 언급했듯이 이 책은 주로 삼위일체적인 구조를 반영하는 세 개의 장으로 구성되어 있다. 그런데 신학적 담론은 문화적 맥락을 그 전제로 삼는다. 하나님, 그리스도, 성령과 놀이의

개념 간의 관계는 이제까지 특정한 문화의 언어로 표현되어왔다. 그래서 이 책은 다음과 같은 중요한 질문을 다루고자 한다. 아프리카계 미국인의 문화적 맥락과 신학적 맥락에서 볼 수 있는 놀이 습관의 의미는 무엇인가?

2

어둠 속의 놀이

playing

그들의 영혼은 신께 그들의 미약한 힘과 그분의 강력한 힘을 견주어
보고 계시냐고 묻고 있었다. 그들은 어둠을 응시하는 듯이 보였지
만, 그들의 눈은 신을 보고 있었다.

우리를 덮치고 있는 야만적인 어둠을 저주하는 것만으로는 불충분하다. … 누군가는 게임을 거부할 수 있다. 방해 행위를 대적할 수도 있다. 여러 대안을 늘 살려두어야 한다. 한편으로는 천천히 혁명적인 인내심을 기르는 기술을 배우면서.
_ 남아프리카공화국의 시인, 브레이텐 브레이텐바흐

놀이와 경계성

문학은 자유롭고 자발적이고 허구적이고 전前합리적인 차원을 지니고 있는 것으로 오랫동안 인식되어왔다. 사실상 인간의 상상력의 산물인 문학은 철학(진리에 대한 탐구)과 시(아름다움에 대한 탐구)가 낳은 '야생의 아이' 다. 앞에서 우리는 놀이를 실재의 구조로 생각할 수 있다는 말("이 세계의 흐름은 놀이판 위의 형상을 움직이며 노는 어린아이와 같다"는 헤라클리투스의 원리)에 대해 논한 바 있다. 이 원리에 따른 당연한 귀결은 놀이야말로 문학을 생산해내는 필수적인 요소라는 것이다. 말하자면, 문학은 놀이의 산물이고 문학 분석은 놀이하듯 하는 비판이라는 뜻이다.

미하이 스파리오수Mihai I. Spariosu는《야생 올리브나무 화환: 놀이, 경계성, 그리고 문학 연구*The Wreath of Wild Olive : Play, Liminality, and the Study of Literature*》라는 훌륭한 책에서 빅터 터너 Victor Turner의 경계성 개념을 빌려와 현대 서양·유럽 문학의 유희적 특성을 살펴본다.[1] 터너는 경계성이라는 용어를 통과의례의 세 단계를 묘사한 아르놀트 반 게네프 Arnold van Gennep의 책 《통과의례*Rites of Passage*》에서 빌려왔다. 터너가 널리 알려진 것은 여러 유명한 저서에서 경계성의 개념을 설명한 덕분이지만, 그 개념의 유희적 차원을 집중적으로 다룬 책은 비교적 덜 알려진 《제의에서 연극으로*From Ritual to Theatre: The Human Seriousness of Play*》다. 통과의례의 세 가지 단계는 분리, 추이 그리고 통합이다. 스파리오수는 이렇게 말한다. "여기서 특별한 관심을 끄는 것은 통과의례의 둘째 단계, 곧 추이적(과도기적) 혹은 경계적 단계다. 이 단계가 진행되는 동안 입문자는 모든 사회적 구별이 희미해지는 과정, 곧 '평준화'과정을 경험하게 된다."[2]

누구든지 많은 것을 이해하고 싶으면 많이 놀아야 한다.
_고트프라이트 벤

이 경계적 단계의 중요한 한 가지 측면은 한 상태에서 다른 상태로 바뀌는 과도기의 한복판에 있을 뿐 아니라 사회적으로나 개인적으로 사실상 무제한적인 가능성을 경험하게 된다는 것이다. 사회적·경제적·정치적 경계선이 허물어지고 다양한 실존의 조각들이 유희하듯 재배열될 수 있다.

터너가 관찰한 경계성은 주로 전근대적 사회에서 끌어온 것이다. 중요한 문제는 이 매력적인 경계성의 개념이 산업화된 현대사회에서도 도달될 수 있는가 하는 점이다. 터너가 이른바 '경계적liminal' 현상과 '리미노이드liminoid' 현상을 구별한 것은 아마도 이런 의문에 대한 반응이었을 것이다.³ 경계적인 경험 진지함, 의무감, 강박관념 그리고 두려움을 그 특징으로 삼는다. 전근대적인 통과의례에서의 경계적 단계는 실로 심각한 사안인데, 그것은 거기에 자유가 없어서가 아니라 너무도 많은 것이 걸려 있기 때문이다. 경계적 단계는 성인으로서 책임 있게 살아야 한다는 진지한 문제를 준비하는 단계다. 여기서 대부분의 나라가 최고의 것을 건설하는 일에 자유로이 참여하게 된다. 말하자면, 놀이는 새로운 현실을 맞이하기 위한 준비라는 뜻이다.

터너는 이 경험을 리미노이드 경험과 대조한다. 이 경험은 현대사회에서 누릴 수 있는 여가에 의해 비로소 가능해진다. 그러므로 리미노이드 경험은 자발성, 기쁨, 가벼움, 모방 등을 그 특징으로 한다. 리미노이드 경험은 고도로 기계화되고 관료화되고 지나치게 합리적인 현실관에 대한 하나의 반응이다. 이런 의미에서 리미노이드 경험은 일상적 실존의 가혹한 현실로부터의 도피인 셈이다. 즉 주어진 세계로부터 자유롭게 되는 것을 의미한다.

터너의 개념들은 이 장의 중심 문제를 어느 정도 조명해줄 수 있다. 급진적이고 혁명적인 저항이자 재창조의 행위로서 어둠 속에서 논다는 것은 무엇을 의미하는가?

토니 모리슨의 《어둠 속의 놀이》

무슨 연유인지 놀이 비평 분야에서 간과되어온 책이 한 권 있는데, 그것은 토니 모리슨Toni Morrison의 흥미로운 저서, 《어둠 속의 놀이 *Playing in the Dark*》이다. 짧지만 설득력이 강한 이 책에서 저자는 특히 미국 문학에서 무시되어온 한 가지 특징을 파헤치는 시도를 하고 있다. 그녀의 초점은 문학 텍스트를 창조하는 데 흑인들이 담당한 의식적이고 명시적인 역할뿐 아니라 그보다 훨씬 깊은 데 있다. 모리슨은 문학이 만들어낸 신기한 '미국'의 이미지와, 인정되지 않지만 흑인들이 거기에 어떻게 등장하는가 하는 점에 관심이 있다고 말한다. 그녀는 한마디로 "흑인이 쓰지 않은 문학에 등장하는 흑인은 어떤 식으로, 중대한 발견의 순간, 변화의 순간 혹은 역설의 순간에 불을 붙이는가"

하는 점에 관심이 있다.[4]

　서양 문학에 대한 모리슨의 해석은 소위 '미국적인 것'이 단지 '아프리카인의 존재'와 대조적으로 규정될 수 있을 뿐임을 드러낸다. 이 두 실재는 서로 너무나 엉켜 있어서 "우리 문학의 중요한 특징들 — 개인주의, 남성성, 사회참여 대 역사적 고립, 심각하고 모호한 도덕적 문제, 죽음 및 지옥의 형상에 대한 강박감과 짝을 이루는 무죄라는 주제 등 — 은 사실상 항구적이고 어두운 아프리카인의 존재에 대한 반응이 아닐까" 하고 모리슨은 생각한다.[5]

　아프리카인의 존재(아프리카 사람들은 이 문학에서 이렇게 인식되는 경우가 드물다)는 일종의 수사 어구로 기능하고 있으며, "이 방법이 안 쓰이는 경우는 거의 없다."[6] 문학 비평은 그동안 다양한 방법으로 이 존재의 중요성을 부인하고 묵살하고 제거하려고 했다고 모리슨은 주장한다. 하지만 바로 흑인에 대한 이런 존재 인식이 인종적 정체성 정립의 복잡한 과정과, 그것과 민족의식의 연관성을 이해하는 데 주요한 역할을 하고 있는 것이다.

　아프리카주의의 존재를 지우려는 문학 비평과 악의적이고 정교한 전략이 아프리카주의와 불가분의 관계를 지니고 있음을 인식하는 것이 무척 중요하다. 문학적 상상력에서 아프리카주의가 어떻게 되었고 또 어떤 기능을 하는지가 중요한 이유는,

문학적인 '흑인다움'을 면밀히 살펴보면 문학적인 '백인다움'의 본질을 발견할 수 있기 때문이다. 그것은 무엇을 위한 것인가? 백인다움의 창안과 발달은 흔히 '미국적인 것'으로 묘사되는 것을 만들어내는 데 어떤 역할을 하는가?[7]

놀이는 소속감을 높이고 협력을 부추긴다. _ 스튜어트 브라운

모리슨의 책 나머지 부분은 백인의 마음에 새겨진 흑인의 존재에 관한 검토로 채워져 있다. 그녀는 물론 아프리카인 노예들이 어떻게 이런 관념적인 이미지에 저항했는지에 관심이 있지만, 더 큰 관심은 이런 인종적 이데올로기가 노예를 소유한 계급의 마음과 정신과 상상력에 어떤 영향을 미쳤는지에 있다. 백인 작가들이 아프리카인의 존재에 의식적으로 관여하거나 무의식적으로 무시하면서 행하는 바는 그 대상보다 그들 자신에 관해 더 많은 것을 보여준다.

백인 작가들이 아프리카인의 이미지를 만들고 조작하는 방식은, 모리슨의 표현을 빌리면, "자아에 대한 특별한 중재 작업이며, 작가의 의식에 내재하는 두려움과 욕망을 탐구하는 작업이다."[8] 모리슨은 다음과 같은 말로 결론을 맺는다. "이런 논의는 특정한 작가의 인종에 대한 태도를 다루는 것이 아니다. 그것은 또 다른 문제다. 내가 보기에, 미국 아프리카주의에 대한 연구는 백인이 아닌 아프리카인의 존재와 이미지가 미국에서 어떤

식으로 구축되었는지(혹은 꾸며졌는지)와 이런 조작된 존재가 어떻게 문학적으로 이용되었는지 등을 조사하는 것이어야 한다. 나의 프로젝트는 비판적 안목을 인종적 객체로부터 인종적 주체로 돌리는 일이다. 묘사되고 상상되는 객체로부터 묘사하고 상상하는 주체로 전환하는 일이다. 또한 섬기는 자에서 섬김을 받는 자로 바꾸는 일이다."[9]

그러면 어둠 속에서의 놀이는 모리슨에게, 그리고 우리 모두에게 무엇을 의미하는가? 그것은 다른 무엇보다도 인종과 인종차별이 여전히 지배하는 현실에서 살 만한 세계를 만들려고 노력하는 것을 뜻한다. 작가들은 놀이를 하고 있다. 그들은 글과 아이디어와 소리와 상징과 기호를 가지고 논다. 그런데 이 놀이는 흔히 주장하듯이 자유로운 순수한 공기 속에서 행해지는 것이 아니다. 미국인 작가들, 그리고 아름다움과 진리를 탐구하는 일에 종사하는 모든 사람은 이미 인정받지 못하는 아프리카 사람들의 피와 땀과 눈물로 어두워진 캔버스에다 그림을 그리고 있는 중이다. 어쩌면 그러기 때문에 대다수 미국인은 자신의 행복 추구가 어떤 배경에서 이루어지고 있는지를 못 보는 것이 아닌가 하는 생각이 든다.

우리는 살고 죽는 일에서, 돈을 벌고 쓰는 일에서, 들어오고 나가는 일에서, 체스 말과 같은 우리의 삶을 어둠이라는 배경에

배열하고 있는 중이다. 우리는 한마디로 어둠 속에서 놀고 있는 셈이다.

그렇다고 모리슨의 텍스트가 의미를 만들려고 하는 모든 시도를 쓸데없는 짓이라고 말하는 것은 아니다. 그와 반대로, 그녀는 이 작은 책을 쓰면서도 놀이를 하고 있다. 이 책을 쓰게 된 영감은 음악 놀이의 가장 숭고한 형태인 루이 암스트롱의 재즈 공연에서 얻은 것이었다. 그녀는 자신의 프로젝트가 "실망이 아닌 기쁨에서 비롯된다. … 작가들이 자신의 사회적 기반의 여러 측면을 언어의 측면으로 변모시키는 방식, 그들이 다른 이야기를 들려주고 은밀한 전쟁을 치르고 그들의 텍스트에 감춰진 온갖 논쟁을 묘사하는 방식에서 비롯된다"고 말했다.[10] 아마도 이것이 우리가 어둠 속에서 놀이하는 현실과 타협하면서, 언젠가 빛을 보게 되리라고 바라는 최선의 희망일 것이다.

사람들은 놀이가 진지한 활동임을 잊어버리는 경향이 있다.
_데이비드 호크니

조셉 콘래드의 《암흑의 핵심》

어둠은 서양에서 흑인 문학뿐 아니라 흑인의 삶 자체에 영향을 미친 풍요와 두려움, 혼란과 위기의 배경을 가리키는 일종의 수사학적 표현이다. 이런 현상을 적나라하게 드러낸, 큰 논란을 불러일으켰던 책은 아마도 1902년에 출판된 조셉 콘래드Joseph Conrad의 《암흑의 핵심 *Heart of Darkness*》일 것이다. 20세기 초, 윌리엄. E. B. 듀보이스w. E. B. Dubois의 《흑인의 영혼 *The Souls of Black Folk*》보다 4년 앞서 출간된 콘래드의 이 소설은 상아를 구하기 위해 위험을 무릅쓰고 아프리카 대륙의 심장까지 들어가는 판매상 쿠르츠의 이야기를 엮은 것이다. 쿠르츠는 결국 죽음을 맞이하는데, 암흑의 핵심에서만 발견되는 '공포'와 마주쳤기 때문이다.

이 소설에 대한 많은 비평은 유럽인의 정신 속으로 들어가는 심리학적 여행에 초점을 맞추지만, 우리에게는 문학적 놀이터로서 어둠의 기능에 대한 통찰력을 제공해준다. 이 어둠은 찬탈자들의 허세와 연관되어 있지만ㅡ"그들은 어둠을 직면할 만한 남성적인 존재였다"[11]ㅡ폭력과도 연관되어 있다.

그것은 폭력을 수반한 강도짓, 분노로 인한 대규모 살인이었고, 사람들은 맹목적으로 그런 짓을 했다. 암흑과 싸우는 이들에게는 퍽 어울리는 일이었다. 땅을 정복한다는 것, 곧 우리와 생김새가 다르거나 코가 납작한 사람들에게서 땅을 빼앗는다는 것은, 깊이 들여

다보면 결코 좋은 일이 아니다.[12]

이 암흑은 단지 정복당하는 수동적인 배경일 뿐 아니라 유럽인 침입자들에게 값을 요구하는 것이기도 하다. 이는 그들의 외면이 아니라 내면을 바꾼다. 그리고 살아남는 사람들은 '양심이 없는' 자들이 틀림없다.[13]

그렇지 않다면 그 암흑은 영혼을 미치게 만들 것이다.[14]

콘래드가 묘사하는 그 암흑 속에서 흑인들은 인간으로 보이지 않고 "현세적이지 않은 존재, 질병과 굶주림의 검은 그림자에 불과한 존재"로 보일 뿐이다.[15] 이 이야기의 주인공들이 아프리카 대륙의 내지로 접근함에 따라 이 검은 그림자들을 인간으로 인식할 만한 가능성이 생겼다가 사라진다. "땅은 비현세적인 것으로 보였다. 우리는 족쇄를 찬 정복당한 괴물을 쳐다보는 데 익숙해졌지만, 거기서 괴물처럼 생겼으되 자유로운 물체를 볼 수 있었다. 그것은 비현세적인 존재였고, 그 사람들은, 아니 그들은 비인간적인 존재가 아니었다."[16]

이처럼 아프리카인들의 인간성을 암묵적으로 인정한 대목에 이어 소설의 뒷부분에 이르면 그들은 "어두운 인간의 형체들,

··· 숲의 어둔 경계를 배경으로 희미하게 지나가는 존재"로 언급되어 있다.[17]

이 "괴물처럼 생겼으되 자유로운 물체"에 대한 인식이 그 텍스트가 인정하지는 않고 다만 시사할 뿐인 숨은 가능성을 들여다보게 하는 열쇠다. 축축하고 두렵고 희미한 암흑의 영역 속에 놀이의 기회가 존재한다. 이 놀이는 암흑의 베일 뒤에서 일어나고(듀보이스와 비교

> 유치한 놀이 속에 종종 깊은 의미가 담겨 있다.
> _요한 프리드리히 폰 실러

해보라), 그것이 바깥 사람들에게는 일상적인 일과 다를 바 없어 보인다. 기선의 보일러실에서 일하는 아프리카인을 묘사하는 대목을 보면(이는 랠프 엘리슨의 《보이지 않는 인간》에 나오는 페인트공을 연상시킨다), 그의 정체를 단순한 일꾼에서 놀이하는 존재로, 즉 자신의 게임 계획에 따라 자기 일을 배열하고 재배열할 수 있는 존재로 변화시키기 위해 종교적 도구들을 사용하는 것을 알 수 있다.[18]

이 그림자 같은 형체들은 위험에 처해서도 "몸을 굽힌 채 달리고, 껑충껑충 뛰고, 미끄러지듯 나아갈 수 있고, 뚜렷하고 불완전하고 순간적인 모습을 지니고 있었다."[19] 비록 인종차별의 베일에 가려지긴 했지만, 이처럼 암흑 속에서 놀 수 있는 능력 때문에 아프리카인들을 노예 삼아 신세계로 데려갔을 것이다.

놀이, 노예제 그리고 자유

신세계에서 겪은 아프리카 노예들의 경험이 지닌 가장 가슴 아프고 오래 지속되는 특징은 그들이 그런 상황 속에서도 자유를 찾아내고 거기에 시선을 고정하고 머무른 것이었다. 아프리카 노예들이 억류당한 상태에서 새로운 공간을 열기 위해 도입한 전략은 이야기를 들려주는 일이었으며, 그 가운데서도 브러 래빗 Brer Rabbit 이야기들이 대표적이었다. 이런 이야기를 들려주는 일이 처음에는 단순한 기분전환처럼 여겨졌지만, 실은 파괴적이고 비인간적이고 비도덕적인 노예제의 영향을 완화하는 폭넓은 문화적 노력의 일환이었다. 노예의 삶을 특히 잘 다룬 작품은 리긴스 얼 주니어 Riggins R. Earl Jr.의 《어두운 상징들, 모호한 신호들 Dark Symbols, Obscure Signs》이다.[20]

이 작품에서 특히 우리의 주목을 끄는 부분은 저자가 위선적인 노예 소유 윤리의 사슬을 깨기 위한 일환으로 이 이야기들에서 일과 놀이와 하나님의 관계를 검토하는 대목이다. 이런 이야기들을 들려주는 일은 일종의 놀이가 됨으로써 지극히 힘겨운 노예의 노동을 상대화했다고 얼은 주장했다. 아프리카 노예들은 '놀이하는 일꾼'이 됨으로써 이른바 "'윤리적 간격'을 창조했고, 전통적인 옳고 그름의 경계선을 피억압자가 의도적으로 혼동하거나 뒤집을 때 그런 간격이 창조되었다."

그런 혼동을 야기하는 의도적인 행위가 억압자에게는 도덕적 무질서로 보이겠지만, 피억압자는 그것을 "억압적인 윤리를 창조적으로 역전한 것"으로 본다.[21] 이런 역전 과정을 통하여 아프리카 노예들은 '융통성 있는 놀이 윤리'를 창조한다. 얼은 브러 래빗의 창조성이 바로 이런 놀이하는 융통성의 윤리를 보여주는 좋은 본보기라고 주장한다. "장난스러운 일꾼의 모습을 지닌 브러 래빗의 재능은 노예들이 기능인으로서의 일꾼과 일꾼의 본유적 가치를 구별할 필요성을 상징했다. … 노예들은 일과 놀이를 나란히 놓음으로써 양자 모두 창조적인 프로젝트로서 변증법적 성격을 지니고 있음을 알게 되었다. 말하자면, **놀이하는 일꾼**과 **일하는 놀이꾼**은 동일한 동전의 변증법적 양면이었던 것이다."[22]

브러 래빗이 놀 수 있는 것은 그럴 수 있는 자유가 있기 때문이다. 그는 브러 울프Brer Wolf와 브러 베어Brer Bear 같은 그의 전통적인 적수들보다 신체적으로 더 약함에도 불구하고 웃을 수 있고, 근본적인 삶의 기쁨을 표현할 수도 있다. 브러 래빗이 놀 수 있는 것은 굉장히 불리한 상황에서도 그럴 수 있는 용기가 있고, 자유는 겁쟁이를 위한 것이 아니라고 말할 줄 알기 때문이다. 브러 래빗은 아프리카 노예를 상징하고(이 이야기들은 토끼가 주인공인 전통적인 아프리카 민담들을 각색한 것임에 주목하라), 불가능한 상황에서 창조적으로 자유와 기쁨을 주장하는 모습을 표현한다. 얼이 말하듯이, 브러 래빗은 대규모 농장의 억압적인 노동 구조에 대항하여 노동 정신을 가지고 노는 일을 통해 심리적으로 일을 재정의하도록 도와주었다. 놀이하는 일꾼으로서 브러 래빗은 노예들에게 노동 정신이 의인화된 존재가 되었다. 그는 "일을 놀이로 바꾸고 놀이를 일로 바꾸는 법을 알고 있었다."[23]

그러나 이야기를 들려주는 것이 아프리카 노예들이 도입한 유일한 놀이 전략은 아니었다. 드와이트 홉킨스Dwight N. Hopkins는 유명한 책, 《아래로, 위로, 그리고 너머로: 노예 종교와 흑인 신학 *Down, Up, and Over: Slave Religion and Black Theology*》에서 아프리카 노예들의 실존은 "해 뜰 때부터 해 질 때까지"와 "해 질 때부터 해 뜰 때까지" 등 두 시간으로 나눠져 있다고 말한다. 전자의 시간에는 노예의 존재가 노예 소유주의 이익과 요구와 욕망에 의해 완전히 좌우되었다. "해 뜰 때부터 해 질 때까지의 시간과 공간에는 백인 프로테스탄트 노예 소유주들이 주도권을 쥐고 이전의 아프리카인을 신체적 노예 상태요 영적 발육부전 상태요 문화적 종속 상태에 빠진 아프리카계 미국인으로 빚어갔다."[24]

이 낮 시간 동안에는 아프리카 노예들의 삶이 노예제도에 의해 완전히 통제되었다. 그 시간(해 뜰 때부터 해 질 때까지)과 그 공간(대규모 농장)은 구원받을 수 없는nonredemptive 노동으로 채색되었는데, 이유인즉 노예를 소유한 계급이, '일'은 세계를 창조하고 정복하는 일차적인 수단이라는 청교도적 노동 원리에 입각하여 자신들의 세계관을 만들었기 때문이다.[25] 하지만 이 장에서 다루는 주제와 관련하여 우리의 관심을 끄는 것은 해 질 때부터 해 뜰 때까지의 시간이다. 이 시간은 아프리카 노예들이 스스로 자유와 역량을 발견하는 때다. 즉 자신의 손에 있는 자원을 가지고 스스로를 만들어가는 시간인 셈이다. "해 질 때부터 해 뜰 때까지, 아프리카 노예들과 아프리카계 미국인들은 신성한 팔에 감싸인 채 농장 시스템에 의해 공백으로 남겨진 시간과 공간의 틈에서 주도권을 잡음으로써 스스로를 재창조했다."[26] 그들은 이 빼앗긴 순간과 숨은 공간에서 '놀이'를 함으로써 자신들의 세계를 재구축하는 기회를 잡은 것이다. 그리하여 그들은 세속적인 시간을 신성한 시간으로 전환시켰다.

아프리카 노예들에게 놀이는 단지 기분전환에 불과한 것이 아니었다. 그것은 심오한 종교적 행위였다. 홉킨스는 이렇게 주장한다. 아프리카 노예들은 "재미있는 시간에 느낀 종교적 기분과 궁극적인 욕망"에 대한 반응으로서 '즐거움의 신학'을 빚어냈다. "즐거움의 신학(이는 신성한 영역에 속한다) 안에서 재미있는 시간을 통제하는 일은 일종의 반역을 의미했고 아프리카계 미국인의 자아를 재창조했다."[27] 아프리카 노예들은 종교를 재창조할 자유와 자연과의 관계를 재정립할 수 있는 자유를 발견했다. 해 뜰 때부터 해 질 때까지는 아프리카 노예들이 정복되어야 할 자연의 일부로 보였다. 반면에 해 질 때부터 해 뜰 때까지는 아프리카 노예들이 스스로를 자연과 교감하는 자연의 파트너로 보았다. "농장 당국의 허락 없이 자연 속에서 말하고 걷는 일은 자기네보다 더 큰 보호권 아래에서 신앙에 충만하여 즐거움을 누릴 수 있는 참된 자유와 장소를 제공해주었다."[28]

필요가 발명의 어머니일지 몰라도, 놀이는 분명히 그 아버지다.
_로저 본 외흐

이런 놀이의 시간, 혹은 어둠 속에서의 놀이는 또한 낭만적인 사랑이 꽃피는 계기가 되기도 했다. 어둠 속에서 놀이하는 맥락에서 흔히 자신의 영혼의 친구를 찾아 나섰고 또 실제로 찾았다. 그런데 어둠 속에서 놀이하는 아프리카 노예들의 능력을 보여주는 가장 강력한 예의 하나는 '옥수수 껍질을 벗기는 일'이다. 주인은 아프리카 주변 농장에서 일하는 노예들을 모아 가을 추수에서 얻은 옥수수 껍질을 벗기게 한다. 그것은 농작물을 시장에 내보내기 위한 효율적인 준비 과정이었다. 그러나 아프리카 노예의 관점에서 보면, 그것은 노래하고 웃고 춤추고 장난칠 수 있는 기회였다.

옥수수 껍질을 벗기는 일은 추수하는 계절에 시작된다. 각 농장에서 온 노예 집단이 껍질을 벗겨야 할 옥수수가 산더미처럼 쌓인 밭으로 노래를 부르며 간다. 도착하면 한두 명의 '사령관' 과 함께 두 팀이 선택된다. 신호가 떨어지면 각 사령관은 자기 팀에게 맡은 분량을 먼저 마치도록 종용한다. 팀을 이끌 때는 노래와 웃음과 장난

> 인간은 비타민이 필요한 것처럼 즐거움이 필요한 존재다.
> _라이오넬 타이거

을 활용한다. 옥수수의 바깥 껍질을 모두 제거한 뒤에는 모든 노예가 잔치에 참여한다. 그때는 공중으로 높이 들어 올려진 주인 부부는 흑인들에게 장난감이 된다. 장난이라는 이름 아래 아프리카계 미국 노예들은 주인에 대해 평소에 하고 싶었던 말을 할 수 있었다. 그 후에는 춤도 추고 노래도 더 불렀다. 끝으로, 여러 노예 집단이 노래를 부르며 집으로 돌아가는 것으로 막을 내렸다.[29]

이런 일이 과연 주인을 즐겁게 하기 위한 광대들의 카니발 이상의 의미가 있는지, 그 여부에 대해서는 의견이 분분하다. 하지만 그 표면 아래를 보면 그런 행동에 담긴 더 깊은 영적 의미를 찾아낼 수 있다. 그것은 아프리카 노예들이 **어둠 속에서 놀이하는** 모습을 보여주는 전형적인 예다. 이것은 일상어인 셔킨

앤 지빈shuckin' and jivin'이라는 말의 어원인데, 이는 '돌아다니며 놀다'라는 말과 유사한 뜻을 지니고 있다. 여기서 중요한 점은 이 놀이 행위가 아프리카 노예들이 자기네 삶을 재정립하고 해돋이의 공포에 대비하여 스스로를 다잡는 일과 관련이 있다는 것이다. 이런 의미에서 어둠 속의 놀이는 자기보존의 행위인 셈이다.

아프리카 노예 공동체 내에서의 놀이는 다른 공동체가 하는 놀이와 비슷하면서도 달랐다. 20세기 전반부에 등장했던 저명한 사상가들이 설파한 놀이에 관한 사상이 여기서 어떤 통찰력을 준다. 놀이와 자아 발달 사이의 관계를 강조한 홉킨스의 사상은 사회 심리학자였던 조지 허버트 미드George Herbert Mead의 사상에서도 중요한 자리를 차지한다. 그는 놀이란 '자아 탄생의 한 단계'로서 사람들이 사회적 의미를 배우고 사회적 언어를 습득하는 통로라고 주장했다.[30]

교육철학자인 존 듀이John Dewey는 진정한 의미의 자유로운 놀이와 '빈둥거리는 것'은 서로 다르다고 주장했다. "빈둥거리는 것—물론 이것을 꼭 '어리석은 것'이라고 할 수는 없다—은 흘러넘치는 에너지가 다른 행위와 잠시 단절되었을 때 일어나는 현상이다. 빈둥거림은 '환상적이고, 독단적이고, 목표가 없는 것'이었다." 듀이는 진정한 놀이를 창조의 행위와 연결했고, 그

대표적인 예로 예술 행위를 들었다. 진정한 놀이는 창조의 목표를 지니고 있는 반면에, 빈둥거림은 '목표가 없는 것'이다. 이 짧은 지면으로는 그의 복잡한 사상을 깊이 다룰 수는 없지만, 듀이의 주장에 있는 문제를 이렇게 지적할 수 있다. 위에서 언급한 아프리카 노예들의 상황에서는 창조적인 놀이와 빈둥거리는 것을 근본적으로 구별하는 일이 놀이의 참된 의미와 기능을 찾아내는 데 반드시 필요한 것은 아니라는 점이다.[31]

교육철학자요 행동주의자인 제인 애덤스Jane Addams는 놀이야말로 인간의 교육적 발달의 중요한 한 측면이라고 주장했다. "문화란 단순히 배우고 열심히 공부해서 머릿속에 많은 것을 집어넣는 일이 아니라, 앞으로 나아가면서 즐길 수 있는 능력, 한 가지 사실을 가지고 놀며 그로부터 즐거움을 얻어낼 수 있는 능력을 의미한다."[32] 이런 애덤스의 통찰력이 중요한 이유는 특정한 환경—여기서 나는 미국에서 아프리카인이 노예화되는 과정이 그런 환경의 본보기라고 주장하는 바다—에서는 놀이 자체가 계시를 얻는 통로가 될 수 있기 때문이다. 아프리카 노예들은 놀이를 통하여 자기가 몸담은 현실의 속성을 배웠을 뿐 아니라 그런 현실에 처신하는 전략도 배웠던 것이다.

노예제와 어린이의 놀이

1장에서 언급했듯이 이 책은 어린이나 동물의 놀이에 관한 중요한 연구조사는 다루지 않고 있다. 그러나 아프리카 노예들이 어떤 면에서는 어린이처럼 간주되었기 때문에 노예 어린이들의 놀이가 아프리카계 미국인들의 놀이에 관해 무언가를 조명해줄지도 모르겠다. 버나드 머건Bernard Mergen은 《놀이와 장난감 *Play and Playthings*》이란 책에서 아동 노예들의 놀이에 한 장을 할애했다.[33] 그의 말을 인용하면 이렇다. "역사적인 아이러니 중 하나는 뉴딜의 연방 작가 프로젝트 때문에 북부의 자유로운 어린이들보다 남부의 아동 노예들의 놀이에 관해 훨씬 많은 것이 알려졌다는 사실이다. 이 프로젝트는 노예 출신과의 인터뷰를 3천 건 이상 확보했고, 그중 노예제를 유지하던 여러 주州에서 사는 어린이들의 놀이에 관한 진술을 300건 이상 수집했다."[34] 머건은 아동 노예들의 놀이에 관해 철저하게 논의한 뒤, 이 놀이의 중요성을 애써 외면하는 이유는 그 가운데 많은 놀이가 유럽에서 넘어온 것임을 인정하지 않으려 하기 때문이라 주장했다.

이는 역사학자들 사이에 계속 논의될 만한 주제이고 그럴 만한 타당성도 분명히 있다. 그러나 중요한 점은 이것이다. 놀이의 창조적 기능은 그 게임을 발명한 사람이 아니라 그것을 어떻게 가지고 노는가와 관련이 있다는 것이다. 머건에 따르면, 노예 어린이들이 유럽 어린이들의 게임들을 배운 것처럼 보이지만, 그들은 언제나 그 게임들을 적당하게 바꾸고 수정하고 심지어 변형하기도 했다. 아울러 노예 어린이들의 놀이 행위는 노예 경험으로부터 영향을 받기도 했다.

그런 영향 가운데 하나는 많은 경우에 "일과 놀이와 의례 사이의 인위적인 구별을 불필요한 것"으로 여기는 태도였다.[35] 그 어린이들의 놀이는 노예 어른들의 놀이와 구조적으로 유사한 면과 연속성을 지니고 있었다.

> 놀이하는 사람은 좀처럼 스트레스로 무너지지도 않고 유머가 지닌 치유의 능력을 잃어버리지도 않는다.
> _스튜어트 브라운

노예 공동체에서의 놀이를 보면 위험하지 않은 가벼운 놀이가 많았고, 최악의 경우에는 아주 바보 같은 형태의 놀이도 있었다. 하지만 그런 놀이 행위는 무척 깊은 의미를 지니고 있다. 브라이언 서튼스미스가 말했듯이, "놀이의 경박성은 다른 집단의 놀이를 모욕하기 위한 보편적인 시스템에서 그런 용도를 가리는 가면일 수도 있다. 이는 역사적으로 상류 계층이 하류 계층의 레크리에이션을 모욕할 때 사용했던 방법이다."[36] 우리 국민의 의식 속에 있는 노예제의 의미와 노예제에 관한 많은 연구 조사는 노예제를 무급 노동의 근원으로 보는 데 초점을 맞추고 있는데, 아프리카 노예들이 서양에 기여한 공적은 창조적이고 혁명적이고 해방적인 그들의 놀이가 아닐까 하는 생각이 든다.

조라 닐 허스턴의 《그들의 눈은 신을 보고 있었다》

조라 닐 허스턴Zora Neale Hurston의 심오한 작품,《그들의 눈은 신을 보고 있었다 *Their Eyes Were Watching God*》는 문학적 주제로서 놀이―특히 어둠 속의 놀이―의 의미를 검토해볼 수 있는 기회를 제공해준다. 이 작품은 할머니 내니의 손에 자란 제니에 관한 이야기다. 내니는 당시의 노예 여성이 흔히 겪었던 모든 모욕을 견뎌낸 인물이다. 그녀는 주인의 손에 신체적·정서적·성적으로 그리고 영적으로 학대를 당해왔다. 희망이라고는 거의 사라지고 없는 상태였다. 하지만 그런 비참한 경험 속에서도 자기 딸은 더 나은 삶을 살 것이라는 희망의 끈을 놓지 않았다. 그런데 딸은 백인 교사에게 강간을 당했고 그로 인해 태어난 아이가 제니였다. 내니의 딸은 자신에게 일어난 일을 도무지 감당할 수 없어서 자신의 딸을 내니에게 맡긴다. 내니는 손녀에게 자신이 가진 최고의 지혜를 넘겨주려고 애쓰지만, 과거에 겪은 고통이 그녀의 발목을 잡는다. 특히 잘 알려진 통절한 한 장면에서 내니는 제니에게 이렇게 말한다. "얘야, 내가 알기로는 백인 남자가 모든 것을 다스리는 지배자란다. … 백인 남자는 짐을 던져놓고 니그로 남자에게 그것을 주우라고 명령하지. 그는 어쩔 수 없어서 그것을 집지만 그것을 나르지는 않아. 그 짐을 니그로 여성들에게 넘겨준단다. 니그로 여자가 세상에서 가장 하찮은 존재지."

이 대목은 이 소설에 대한 많은 비판적 논평을 촉발했다. 사실 내니가 묘사하는 그런 경험은 미국 흑인 여성뿐 아니라 모든 여성이 겪는 경험을 대변해주는 것이라고들 생각했다. 그래서 그것은 많은 사람의 눈에 페미니즘적인 텍스트로 비쳤던 것이다. 이 텍스트를 페미니즘을 옹호하는 대목으로 읽는 것이 타당하든 그렇지 않든 간에, 거기에 묘사된 독특한 경험은 나름대로 충분히 탐구할 만한 가치가 있다. 하지만 이 장章의 목적상 우리는 다른 방향으로 눈을 돌려야겠다.

이 소설의 전반부는 제니의 희망과 낙관론이 천천히 줄어드는 과정을 묘사한다. 그녀는 두 차례 결혼하는데, 그것은 불가항력적인 억압 세력과 짐 크로우에서 비롯된 불상사일 뿐 아니라, 그녀의 남편들 편에서는 제니를 위해 준비된 그 어떤 것도 없는 그들의 무능력이 낳은 결과이기도 하다.

첫째 남편인 로건 킬릭스는 어느 정도 재산을 축적한 나이 많은 남자다. 제니가 그를 원치 않는다고 말하자, 내니는 "네게 필

요한 것은 로건 킬릭스가 아니라 보호막이란다" 하고 답한다.[37]
내니는 자신이 죽은 뒤에 제니가 굶어 죽을까 염려하고, 킬릭스
는 그런 제니에게 안전을 제공해줄 것 같은 인물로 등장한다.
그는 할머니의 말처럼 '좋은 사람' 이었을지도 모르지만, 제니는
그와 결혼한 뒤에 "결혼한다고 사랑이 생기는 건 아님"을 알게
된다. 그래서 그녀의 "첫 번째 [로맨스의] 꿈이 깨지고 한낱 여
자로 전락해버리고 만다."[38] 흑인 여성의 팔자에 대한 내니의 말
은, 킬릭스가 새 당나귀를 사러 간다고 제니에게 일러주는 순간
일종의 예언이 된다. 그에게 이미 당나귀 한 마리가 있다는 것
을 알고 있었던 제니는 왜 또 한 마리가 필요한지 그에게 물었
다. 킬릭스는 금년에는 감자가 대풍작을 이룰 것이고, 자신이
구입하려는 당나귀는 "여자라도 다룰 수 있을 만큼 얌전한 종
자"라고 간단하게 대답한다.[39] 제니는 당나귀 뒤를 좇아가는 또
다른 당나귀가 되기 싫어서 결국 가출하여 조 스탁스에게 가는
데, 그는 그녀의 둘째 남편이 된 야심만만한 인물이었다.

　조 스탁스는 킬릭스와 너무도 대조적인 남자다. 그는 출세가
목표였던 인물로서 자신의 사회적 지위를 뼈아프게 절감하고
있었다. 그는 제니를 꽁꽁 숨겨놓기로 결심한다. 그는 제니를
아내요 동반자로 여기기보다는 자수성가의 상징으로 옆에 끼고
만 있으려 한다. 킬릭스는 제니를 죽도록 부려먹고 싶어 했다

면, 스탁스는 난폭한 장사와 물물교환의 세계로부터 그녀를 감추기로 결심한다.

일과가 끝나는 시간이 되면 남자들이 스탁스의 가게 앞에 모이곤 했다. 제니는 쾌활한 이야기와 말장난이 벌어지는, 힘겨운 노동에서 벗어나는 조그만 해방감을 주는 그런 모임에 아예 끼지 못했다. 그런데 어느 날 제니는 나쁜 의도는 없지만 약간은 모욕적인, '욕설을 주고받는 더즌즈 게임'에 참여하게 된다. 제니는 거기에 모인 남자들에게 지지 않고 끝까지 버텼고, 조 스탁스는 자기 아내의 강인하고 독립적인 모습에 화를 내더니 "온 힘을 다해 제니를 때리고는 가게에서 쫓아냈다."[40] 조 스탁스는 신장염으로 죽지만, 그의 정신은 헛된 지위를 추구하는 공허함으로 이미 망가져 있었다. 이 소설의 전반부를 이렇게 요약할 수 있겠다. 제니는, 여자란 본래 죽도록 일하고 놀 시간이 없어야 한다고 믿은 한 남편에 의해, 그리고 여자는 노는 일에 끼어서는 안 된다고 믿은 또 다른 남편에 의해 질식당했다.

이 소설의 후반부는 제니가 버저블 '티 케이크' 우즈와 관계를 맺는 장면을 묘사하고 있다. 티 케이크는 제니가 여태껏 만났던 그 누구와도 다른 인물이다. 예의 바르고, 자신감 넘치고,

> 각 사람 속에는 놀고 싶어 하는 아이가 숨어 있다.
> _프리드리히 니체

침착하고, 그녀에게 정말로 관심이 많은 남자다. 제니가 그보다 나이는 많지만 서로 매력을 느끼는 관계다. 그런데 티 케이크는 제니에게 놀이의 개념을 소개해줌으로써, 아니 다시 소개해줌으로써 그녀의 인생관을 곧바로 바꾸어놓기 시작한다. 초기 단계에서는 제니를 체커 게임에 초대한다. 이 게임은 그 지역 남자들이 좋아하는 놀이지만 제니 자신은 한 번도 배운 적이(혹은 배우도록 허용된 적이)없다는 것을 깨닫는다. 티 케이크가 체커판을 가져와서 "체커의 말을 모두 맞춘 뒤에 그녀에게 보여주자, 그녀는 속에서 뜨거운 열정이 솟아나는 것을 느꼈다. 누군가 그녀가 놀이하기를 원했던 것이다. 누군가 그녀가 노는 것이 자연스럽다고 생각했던 것이다."[41] 이어서 벌어지는 게임은 경쟁이라기보다는 공동의 창조 행위이고, 가르치는 행위라기보다는 발견의 계기다.

두 사람이 관계를 맺은 지 얼마 되지 않은 시기에 제니의 자기발견은 주로 밤 동안에 일어난다. 어느 날 기분이 내켜서 티 케이크는 제니를 데리고 낚시를 하러 간다. "램프 불빛 아래 땅을 파고 지렁이를 잡아서 자정이 지난 한밤중에 사벨리아 호수로 떠나는 것은 그녀에게 마치 어린이가 규율을 깨는 일처럼 느껴졌다. 제니는 그런 기분을 좋아하게 되었다. 그들은 보통 물고기 두세 마리를 잡아서 날이 새기 전에 집으로 돌아왔다."[42]

아주 특별한 순간은 낮 동안에 일하는 티 케이크가 대낮에 제니를 만나려고 일을 중단하고 돌아오는 때였다. 이것은 그가 그녀에게, 밤에 경험하는 자신이 낮에 경험하는 인물과 같다는 것을 알려주려 했기 때문에 중요했다. "나는 되도록 빨리 여기에 와서 당신에게 내가 낮에 생각하는 것을 말해주어야겠다고 생각했어요. 당신이 낮 동안의 내 감정도 알아야 하니까요. 밤에는 당신이 그것을 알기가 어렵잖아요."[43]

제니의 삶은 완전히 달라진다. "티 케이크와 제니는 사냥을 하러 갔다. 티 케이크와 제니는 낚시를 하러 갔다. 티 케이크와 제니는 올랜도에 영화를 보러 갔다. 티 케이크와 제니는 춤을 추러 갔다. … 티 케이크와 제니는 체커를 두고 있다. 쿤캔 카드 놀이를 하고 있다. 가게의 입구에서 마치 다른 사람이 아무도 없는 듯이 오후 내내 맥주 빨리 마시기 게임을 하고 있다. 이런 놀이는 날마다 그리고 주마다 이어졌다."[44]

이 같은 놀이 덕분에 그 동네 여성에게 흉을 듣기도 한다. 그녀는 제니에게 조 스탁스의 과부라는 지위에 걸맞지 않은 삶을 살고 있다고 지적한다. "제니, 티 케이크가 당신을 어울리지 않은 곳으로 끌고 다닌다고 모두들 입방아를 찧고 있어요. 야구게임과 사냥과 낚시 같은 것 말이에요. 그는 당신이 그보다 고상한 수준에 익숙하다는 것을 모르고 있어요. 당신은 언제나 상류층에 속해 있었잖아요."[45]

이 소설의 한 가지 주제는 이런 놀이 행위가 그 지역 공동체의 하류 계층만 즐기는 것이었다는 점을 말해준다. 한번은 흑백 혼혈이라는 이유로 자신과 제니를 다른 흑인들보다 높은 계급으로 생각하는 한 여성이 놀이를 경멸하면서 그것을 순전한 검은 색과 연결하는 장면이 나온다. "[나보다 더 새까만 흑인들]은 나를 싫증나게 만들지요. 항상 웃으면서! 그들은 너무 많이 웃고 너무 크게 웃어요. 항상 그 옛날 니그로 노래를 부르면서! 항상 백인들을 즐겁게 하기 위해 바보 같은 짓을 하면서 말이에요. 만일 그토록 많은 흑인들이 존재하지 않았다면 아마 인종 문제도 없었을 거예요. 백인들은 우리를 그들 속에 끼워줄 거예요. 오히려 흑인들이 우리를 막고 있지요."[46] 그러나 이런 놀이는 단지 오락행위에 불과한 게 아니다. 그것은 삶과 사랑의 일부이기도 하다. 또한 로맨스와도 연결되어 있다. 제니는 자신이 티 케이크와 결혼한 것은 단지 마음이 끌렸기 때문이라고 말한다. 그러니까 예전의 결혼과는 달리, "이번은 사업적인 결정도 아니고, 재산과 자격을 얻으려는 경주도 아니다. 이번에는 사랑의 게임이다."[47]

놀이는 우리에게 폭력과 절망에 대한 대안을 계발하도록 해준다. 즉 우리가 인내를 배우고 낙관적인 생각을 품도록 도와준다.
_ 스튜어트 브라운

결혼생활을 통해 제니는 티 케이크에 관한 중요한 사실을 발견한다. 티 케이크는 그녀와 상의없이 돈을 자기만의 방식으로 다른 일에 쓰고 있었다. 도박을 하고, 싸우고, 이기기도 하고 지기도 한다. 그는 인생을 만끽하지만 아내 없이 그렇게 하는 것이다. 그것은 자기 안에 있는 초라한 모습을 그녀에게 보이고 싶지 않아서다. 집에 돌아오면 제니에게 모험담을 들려주지만, 제니는 그가 하는 일이면 무엇이든 자신도 관여하고 싶다고 고집한다. 그녀의 말에 용기를 얻은 그는 꼭 이겨서 그녀의 돈을 되찾겠다고 맹세한다. 제니가 어떻게 그렇게 할 것인지 묻자 티 케이크는 이렇게 대답한다. "여보, 당신은 나를 편하게 해주고 나 자신에 관해 모든 것을 당신에게 말할 수 있는 특권을 주었어요. 분명히 말하건대, 당신은 신이 이제껏 만드신 최고의 도박꾼 중 한 명과 결혼한 것이오. 카드든 주사위든 막론하고."[48]

티 케이크는 근처에서 게임이 열렸다는 소식을 듣고 돈을 되찾기 위해 떠난다. 한밤중에 벌어지는 이 게임에는 위험이 따른다. 티 케이크는 이겨서 돈을 되찾지만 그 후에 습격을 당한다. 어둠 속에서 하는 놀이는 위험한 것이다. 하지만 이런 위험은 게임의 일부로 여겨진다.

티 케이크가 제니에게 놀이 친구로만 관심이 있는 것은 아니다. 그는 삶을 일과 놀이로 뚜렷이 구분하지 않는다. 이 점은 그가 제니를 '저습지', 즉 에버글레이즈로 함께 가자고 초대할 때 분명히 드러난다. 그곳은 땅이 기름져서 더 나은 삶을 찾고 있는 사람들을 몰려드는 곳이다. 저습지는 단지 "그들이 사탕수수와 강낭콩과 토마토를 키우는 곳만은 아니오. 사람들은 거기서 돈을 벌고 재미를 만들고 우스운 짓을 한다오."[49] 티 케이크는 이렇게 말한다. "나는 온종일 콩을 따지요. 그리고 밤새도록 마작을 하며 주사위를 던진다오. 콩과 주사위 사이에서 나는 질 수가 없어요."[50] 그러나 티 케이크는 삶의 어떤 부분에서도 제니를 배제하지 않는다. 그는 제니를 들판으로 불러서 함께 일하는 사람이다.

제니를 일밖에 할 줄 모르는 여자라고 생각해서 죽도록 일만 시키려 했던 킬릭스, 제니를 쓸모없는 여자로 생각해서 일하는 것을 싫어했던 스탁스, 이 두 남자와는 달리 티 케이크는 그저 제니를 사랑하고 그녀에게서 떨어져 있는 것을 감당할 수 없다. 제니도 이 점에 동의한다. "비록 그녀가 자부심이 강해서 다른 여자들처럼 일하기 어려운 사람이고, 티 케이크가 '그녀를 그런 식으로 부추긴' 것은 사실이지만 말이다. 그러나 온종일 그들이 보스의 등 뒤에서 떠들며 노는 바람에 그녀는 권리를 잃는다. 온 들판을 헤집고 놀다가 말다가 하였다. 그런 다음 티 케이크가 그녀가 저녁 만드는 일을 도와주곤 한다."[51] 제니는 놀고, 도박하고, 이기기도 하고, 지기도 했다. 또한 자신의 목소리를 다시 발견하고 용기를 얻어 다시금 이야기를 들려줄 수 있게 되었다. "그래서 그녀는 나머지 사람들에게 굵직한 이야기들을 들려줄 수 있었다."[52] 셜리 앤 윌리엄스는 이 소설에 대한 훌륭한 소개 글에서 이 주제에 관해 이렇게 논평한다. "티 케이크는 제니에게 물어보고 제니는 들판에서 그와 함께 일하기로 동의한다. 둘 다 낮 시간이나마 서로 떨어져 있기를 원치 않기 때문이다. 서로에 대한 사랑 때문에 몸을 굽힌 채 콩을 따는 노동이 거의 놀이처럼 여겨질 정도다."[53]

이 소설은 허리케인이 닥쳤을 때 티 케이크가 미친개에게 물려 제니의 간호를 받으며 죽어가는 비극적인 결말로 끝난다. 하지만 이 놀이의 주제, 곧 어둠 속의 놀이는 이 소설의 제목이 나온 대목에 빛을 비추어준다. 허리케인의 한복판에서 제니와 티 케이크는 거기서 빠져나가려고 안간힘을 쓴다. "폭풍은 세 배나 강한 힘으로 다시 몰아닥쳤고, 마지막으로 그 불빛을 꺼버렸다. 그들은 다른 오두막에 사는 사람들과 함께 앉았으며, 그들의 긴장한 눈빛은 투박한 담장을 향하고, 그들의 영혼은 신께 그들의 미약한 힘과 그분의 강력한 힘을 견주어보고 계시냐고 묻고 있었다. 그들은 어둠을 응시하는 듯이 보였지만, 그들의 눈은 신을 보고 있었다."[54]

하나님과 어둠 속의 놀이

어둠 속의 놀이는 절망의 몸짓이 아니다. 그것은 신神의 자기 계시가 일어나는 과정이다. 놀이의 목적은 무언가를 창조하는 데 있다. 이 창조적인 활동은 놀이 분석이 보여주듯이 세 가지 차원을 지니고 있다. 첫째, 놀이는 로맨틱한 사랑과 연결되어 있다. 사랑하는 연인

어린이들은 언제나 놀이를 통해 배우고 그들만의 장소를 창조한다.
_도나 반즈

과 함께 놀 수 있는 능력은 성경적 신앙의 강력한 주제다. 흔히 인류에 대한 하나님의 사랑과 교회에 대한 그리스도의 사랑을 알레고리로 묘사한 것으로 알려져 있는 아가서는 연인들의 놀이를 보여주는 하나의 본보기다.

둘째, 놀이는 이야기하기 storytelling와 연결되어 있다. 창세기의 창조 이야기는 인간 존재를 기념하는 이야기가 필요해서 생긴 결과물이다. 하나님은 거대한 공허 혹은 어둠을 보시고 그에 대한 반응으로 빛을 만드셨을 뿐 아니라 만물을 창조하시기에 이르렀다고 창세기는 주장한다. 요한복음의 첫 장은 하나님이 어둠 속에 계셨으나 어둠이 하나님과 하나님의 빛을 이기지 못하였다고 선언한다.

셋째, 놀이는 희망과 연결되어 있다. 희망은 곧 장래가 어떻

게 펼쳐질지 하나님은 아시지만 우리는 알 수 없다는 것을 인식하는 일이다. 그래서 우리는 희망을 품은 채 삶이 우리에게 주는 여러 가능성과 함께 놀고 새로운 세계를 꿈꿀 수 있는 것이다.

티 케이크와 제니가 응시한 그 어둠은 토니 모리슨이 생각하는 것과 같은 어둠이다. 그것은 플라톤이 말하는 동굴 속의 어둠, 곧 비판적 인식론이 출현한 배경인 그 어둠일지도 모른다. 이 어둠은 아프리카 노예들이 생존하고 온전한 자아를 찾기 위해 게임을 할 때 그 배경을 이루었던 것이다. 이제 이 지점에서 이런 성찰이 하나님에 대한 이해에 어떤 빛을 조명해주는지 생각해보자.

놀이에 대한 이런 성찰은 기독교 전통이 말하는 하나님에 관해 참신하게 생각하도록 해준다. 기독교 신앙의 핵심은 하나님이 곧 창조자요 구속자요 지탱자라는 고백이다. 하나님이 창조자요 구속자라는 상징적인 표현은 놀이에 관한 우리의 관찰에 비추어 하나님에 관해 이야기할 수 있는 언어를 제공해줄 수 있다.

하나님은 놀이터를 만드신 분으로 생각해도 무방하다. 기독교 사상은 전통적으로 하나님을 세계를 창조한 분으로 인정했다. 그런데 기독교 사상가들 사이에 논란이 되어온 것은 이 세계의 특성이다. 즉, 이 세계는 악하기 때문에 우리가 도피하고 싶은 곳인가, 아니면 계속 일관성 있게 하나님의 선하심을 나타내는 곳인가? 나는 이 양자는 극단적인 입장이라고 주장하는 바다. 대다수 그리스도인은 이 세계를 근본적으로 악한 곳으로(이는 하나님이 창조한 것이 완전히 잘못되었다는 것을 의미하므로) 보지 않고, 또 완전히 선한 곳으로(이는 이 세계가 그 창조자에게만 속하는 특성을 지니고 있다는 것을 의미하므로) 보지도 않는다. 대다수는 이 세계가 심각한 결함을 지니고 있으나 여전히 하나님의 창조세계로 남아 있다고 말할 것이다. 또는 이 세계가 심각하게 왜곡되어 있어도 그 창조자의 형상을 드러내고 있다고 말할 것이다.

놀이에 대한 우리의 성찰에 따르면, 만일 이 세계가 놀이터라면 하나님이 그 놀이터의 설계자라고 말할 수 있을 것이다. 이 놀이터는 정규 농구 코트의 크기가 바뀌지 않듯이 통일된 구조, 일관성 있는 형태를 지니고 있는 것으로 이해해도 무방할 것이다. 하지만 그 통일된 구조 내에서, 밥 쿠지와 매직 존슨과 줄리어스 어빙과 마이클 조던 같은 스타들이 보여주었듯이, 계속해서 창조적인 놀이가 일어난다.

다른 한편, 이 놀이터는 상황에 따라 변하는 다양성을 지니고 있는 것으로 이해할 수도 있다. 마치 골프 코스가 제각기 독특해서 그 코스 자체가 놀이의 일부가 되는 것처럼 말이다. 그럼에도 챔피언 골퍼들—바이런 넬슨에서 찰리 시포드, 아놀드 파머, 낸시 로페즈, 잭 니클라우스를 거쳐 타이거 우즈에 이르는—은 다양한 여러 '필드'에서 잘 놀 수 있는 타고난 일관된 능력을 보여주었다.[55]

초기 교회의 놀이터 혹은 '선교지'는 엄격한 지식 체계를 갖춘, 문화적 경계가 뚜렷한 전통 유대교의 터전 이상의 것이었다. 또한 초기 로마제국의 무한한 종교적 다원주의가 놀던 카멜레온같이 변화무쌍한 터전(거기에는 심지어 '알지 못하는 신'에게 바친 동상까지 있었다)도 아니었다. 오순절에 모여든 청중의 복잡한 문화적·종교적 배경 내에서 이런 신적 놀이터를 위한 경계선(유대인에게는 더욱 확장된 새로운 경계선이었고, 그리스인에게도 여전히 경계선이었다)이 밝혀졌다.

이 세계에 관한 기독교 사상에서 또 다른 논쟁거리가 된 것은 세계의 목적 혹은 운명이었다. 이 세계는 본질적으로 선재하던 시간(혹은 우주론적 역사)의 맥락 바깥에 있어서 세상의 시작과 끝 사이의 시간만을 의미 있는 시간으로 여기는가, 아니면 이 세계는 본래 일반적인 시간의 흐름의 일부여서 땅의 존재 기간은 그 흐름 속에서의 한순간에 불과한 것인가?

이 양자의 입장은 극단적인 것이다. 이 세상의 시작과 끝 사이의 시간만을 의미 있는 시간이라고 주장하면, 하나님을 우리가 경험하는 그 시간의 포로로 만드는 셈이기 때문이다. 마찬가지로, 우리에게 주어진 시간에 특별한 점이 하나도 없다고 주장하면, 그 시간이 점진적으로 펼쳐져가는 능력을 놓치게 될 것이다. 이 세계의 시간적 맥락에 대해 기독교가 주장하는 것은 이러하다. 이 세계는 기회주의적인 목적(영원한 것)의 제약을 받는 일반적인 시간과 역사 속에 있다거나, 이 세계는 목적 지향적인 기회(목적론적인 것)로 물든 특별한 시간과 역사 속에 존재한다. 이 세상에서 하나님이 행하시는 구속 사역을 구성하는 것은 바로 이런 기회와 목적에 대한 인식이다.

놀이에 대한 우리의 성찰은 이 세계가 일종의 놀이터일 뿐 아니라 세계의 시간적 맥락이 곧 '놀이 시간'이라는 것을 시사한다. 하나님은 놀이터를 설계하신 분일 뿐 아니라 타임키퍼time-keeper이기도 하다. 어떤 의미에서, 놀이는 시간의 제약을 받는다. 대개는 놀이 시간이 시계에 의해 정해져 있다. 모든 놀이 행위는 시작과 끝이라는 두 시간적 시점 사이에서 일어난다. 그러나 이런 놀이 시간의 한계 내에서도 창조성을 발휘할 수 있다. 주의 깊은 놀이꾼들은 시간을 잘 활용할 수 있다. '시계를 잘 활용함으로써' 그들은 놀이를 더 확장하고 추가적인 기회를 얻어낼 수 있다.

또 다른 의미에서, 놀이는 시간의 맥락 바깥에서 일어날 수도 있다. 여기서 야구나 체스나 골프(특히 가장 순수한 형태의 경기)에 대해 생각해보자. 이런 경우 놀이의 목적을 위해 시간이 정해져 있다.[56] (골프의 경우, 놀이의 속도가 하나의 이슈지만 이는 놀이 자체와 직접 관련된 것이기보다는 경제적인 이슈라고 할 수 있다.) 그러나 어떤 놀이 행위도 시간과 역사의 흐름에서 영구적으로 벗어날 수는 없다. 골프는 타수 경기에서 홀의 숫자를 제한함으로써 긴박성을 더해주고, 야구에서 이닝의 수는 그 활동에 목적의식을 부여한다. 기회가 확장되는 듯 보일지 몰라도 결국에는 놀이가 끝을 맞이할 것이다.

시간이 예측 가능한 종말을 갖고 있다는 개념 밑에는 천년왕국주의자의 엄숙한 믿음과 다가오는 종말에 대한 확신만 있는 것은 아니다. 이런 개념 밑에는 목적의식이 있다. 언제나 시간이 존재한다는 개념 밑에는 여가 추구와 불멸성에 대한 생각만 있는 것은 아니다. 이런 개념 밑에는 기회의 관념이 있다.

초기 교회의 경우, 놀이 시간 혹은 '주의 날'은 종말론적 의식을 겸비한 유대인 메시아에 대한 기대감에 의해 제한되지도 않았고, "내일 우리가 죽을 터이니 먹고 마시며 즐기자"라고 말하는 그리스·로마적인 의식을 겸비한 운명론적 연대기에 의해 제한되지도 않았다. 주의 날 혹은 놀이 시간은 폴 틸리히가 말하는 '카이로스 *kairos*', 곧 목적과 기회의 두 순간 안에 맞춰져 있었다. 연기된 재림*parousia*조차 역사의식이나 초기 교회의 시간적 긴박감을 없애지 못했고, 오히려 시간 자체가 하나님의 손에 있음을 확증해주었다. 그 목적은 "하나님은 아무도 멸망당하기를 원치 않으신다"라는 구절에 뚜렷이 나타나 있다. 또한 그 기회는 "너희는 그날과 그때를 알지 못한다"라는 구절에 뚜렷이 나타나 있다.

많은 사람이 놀이의 빈곤 상태에 빠져 있다. _ D. W. 위니코트

하나님의 창조 활동은 놀이터를 만드신 일 속에 뚜렷이 드러난다. 그리고 놀 만한 장소가 없다고 느끼는 사람들에게는 바로 이 세계가 '꿈꾸던 놀이터'다. 하나님의 구속 사역은 놀이 시간을 지정해준 데서 뚜렷이 드러난다. 놀 만한 시간이 끝났다고 느끼는 이들에게는 역사가 오버타임의 이야기다. 그것은 세계를 지탱하는 하나님의 활동을 구성하는, 창조(놀이터)와 구속(놀이 시간)간의 지속적인 상호작용이다.

초기 교회는 어두운 장소에서 놀았다. 카타콤과 지하 예배당이 있던 동굴에서 놀았을 뿐 아니라 새로운 장소를 찾던 사람들의 어두워진 의식 속에서도 놀았다. 초기 교회는 어두운 시간대에 놀았다. 외부의 적에게 정복당하고 오염되었던 시기에 놀았을 뿐 아니라, 새로운 날을 찾던 사람들의 어둑한 절망감 속에서도 놀았다.

이와 비슷하게, 흑인들도 의미와 온전한 자아를 찾아서 어둠 속에서 놀고 하나님과 운명을 같이하는 것을 두려워하지 않았다. 어쩌면 어둠 속에서 노는 법을 다시 배움으로써 우리도 그 빛을 볼 뿐 아니라 그 빛이 하나님임을 인식할 수 있을지도 모른다.

3

놀이꾼은 미워하지 말고
게임을 미워하라

playing

당대의 문화적·정치적·종교적 권력의 한복판에서 벌인 예수의 놀이
는 십자가에서 우주적 차원의 선과 악의 충돌로 변형되었다. 그러나 예
수는 그 게임에 의해 패배하는 것이 아니라 승리자의 모습을 드러낸다.

다윗이 미갈에게 이르되 이는 여호와 앞에서 한 것이니라. 그가 네 아버지와 그의 온 집을 버리시고 나를 택하사 나를 여호와의 백성 이스라엘의 주권자로 삼으셨으니 내가 여호와 앞에서 뛰놀리라.

_ 삼하 6:21

놀이는 가장 순수한 인간 활동이다. 그것은 어린 시절뿐 아니라 생애 전체에 걸쳐 행하는 활동이다. 놀이는 무척 다양한 의미를 지니고 있다. 1장에서는 놀이 이론 및 연구 분야에서 중요한 몇 가지 주제와 모티브를 간략하게 개관했다. 먼저 놀이가 철학, 사회학, 심리학, 문학 연구 그리고 신학에서 중요한 개념으로 자리 잡은 것을 살펴보았다. 놀이는 또한 유동적인 개념이다. 그 용어가 지닌 자명하고 친숙함 때문에 대중문화에서는 새로운 의미를 얻었고, 특히 아프리카계 미국인 문화에서는 가벼운 활동 이상의 의미를 덧입었다.

이 장의 제목은 이처럼 더 깊은 의미에 근거하여 붙여진 것이다. "놀이꾼은 미워하지 말고 게임을 미워하라"라는 어구는 "죄인은 미워하지 말고 죄를 미워하라"라는 성경의 말에서 끌어온 것이다. 아프리카계 미국인 문화에서 사용되는 이 어구는 독특한 의미를 지니고 있다. 이런 맥락에서 '놀이꾼'은 거리의 사기꾼이나 협잡꾼, 혹은 (과거에는) 뚜쟁이를 가리킨다. 놀이꾼은 또한 도박을 일삼는 사람을 일컬을 수도 있다. 이 맥락에서 놀이꾼은 위험 부담이 높은 게임에 관여하고 그런 위험을 감수하는 사람인 셈이다. 좀 더 자명한 예를 들면, 놀이꾼은 뛰어난 운동선수를 가리키기도 한다. 어떤 놀이꾼을 독특한 인물로 만드는 것은 특별한 재능이나 은사다. 놀이터가 길거리든 카지노든 농구장이든, 놀이꾼은 복잡한 사회적·문화적·종교적 시스템을 잘 운용하여 거기서 살아남는 사람이다. 놀이꾼을 그토록 멋진 인물로 보이는 것은 그런 시스템이 종종 놀이꾼에게 유리하게 고안되어 있지 않기 때문이다. 실은 놀이꾼에게 적대적인 경우가 보통이다. 놀이꾼은 의식적으로 그런 시스템 안에서 살아가되 거기에 순응하지는 않는다. 그는 때때로 반역자의 모습을 띠지만 혁명가라고는 볼 수 없다.

이 장의 목적은 놀이꾼과 게임의 개념을 더욱 깊은 차원에서 탐구하는 일이다. 말하자면 기본적인 인간 활동으로서의 놀이는 정치적·사회적·종교적 의미를 지니고 있다는 뜻이다. 놀이의 이런 차원들을 각각 떼어내는 일은 불가능하지만(이런 시도를 해서 우리의 분석을 엉성하게 만들고 싶지도 않다), 여기서는 놀이의 종교적 차원과 신학적 차원에 초점을 두고자 한다. 2장에서는 놀이의 개념을 살펴보면서 그것이 하나님에 대한 이해와 어떤 관계가 있는지를 다루었다. 3장에서는 놀이의 개념이 하나님이자 사람이신 예수 그리스도와 어떤 관계가 있는지를 검토할 것이다. 요컨대, "놀이꾼은 미워하지 말고 게임을 미워하라"는 말의 배후에 있는 사상이 예수 그리스도에 대한 신학적 이해와 어떤 관련이 있는지를 살펴보고자 한다.

> 놀이는 어린이들의 삶을 둘러싼 현실을 바꿀 수는 없어도 그들의 차이점과 유사점을 탐구하고 즐길 수 있게 해주는 통로가 될 수 있다. 그리고 짧은 시간이나마 모두 동등한 참여자로 만들어주는 좀 더 정의로운 세계를 창조해준다.
> _페트리시아 램지

놀이와 성경

놀이는 성경에 나오는 핵심 주제는 아닐지라도 중요한 주제 중 하나다. 그러나 (특히) 청교도의 칙칙한 문화적 영향 때문에 우리는 성경에 나오는 놀이를 제대로 이해하기가 어렵다. 이 장에서 앞서 인용된 성경 단락은 성경에 나오는 놀이의 의미를 잘 조명해준다.

사무엘하 6장은 다윗이 언약궤를 가지고 예루살렘으로 돌아가는 기쁨이 충만한 복귀 장면을 묘사하고 있다. 다윗은 억누를 수 없는 환희에 빠져서 예의범절을 완전히 무시하고 만다. 온 힘을 다해 춤을 추다가 옷이 흘러내리는 것도 몰랐다. 다윗의 벗은 몸을 본 아내 미갈은 그것을 못마땅하게 여긴다. 그런데도 다윗은 기쁨을 추스를 생각이 없었고 계속해서 "여호와 앞에서 뛰놀겠다"라고 선언한다. 이 이야기에서 다윗은 놀이꾼으로, 미갈은 놀이꾼을 미워하는 자로 등장하는 셈이다.

> 놀지 않는 어린이는 어린이가 아니고, 놀지 않는 어른은 자기 안에 살아 있던 어린이를 영원히 실종한 사람이다. _ 파블로 네루다

놀이는 흔히 사람들에게서 두 가지 반응 중 하나를 끌어내곤 한다. 사람들은 놀이에 합류하면서 그 타당성을 인정하거나, 놀이를 거부하면서 부적절하다거나 어리석은 짓이라고 말한다. 그런데 보통은 대놓고 놀이를 미워하기보다 놀이꾼을 미워한다. 이 이야기에서는 다윗이 이른바 왕족 유형의 놀이에 참여한다. 다윗이 노는 모양이 미갈의 눈에는 왕에게 어울리지 않는 것으로 보였을지라도 실은 왕이 얼마든지 즐길 수 있는 놀이였다. 로제 카이와는 놀이를 두 가지 유형으로 구분한다. 첫째는 "파이디아_paidia_로서 활발하고 떠들썩하고 열광적이며 자발적인" 것이다. 둘째는 "루두스_ludus_로서 계산적이고 책략적이며 규율에 종속되는" 것이다.[1] 다윗의 축제는 첫째 유형에 속한다. 이

는 어린이의 놀이와 연관되어 있는 것이다. 다윗이 빙글빙글 돌다가 마침내 머리와 복장이 흐트러지고 어지러워하다가 기쁨을 이기기 못해 팔레스타인의 먼지구덩이 속에 나자빠지는 장면을 우리는 얼마든지 상상할 수 있다.

우리가 성경에 나오는 예수의 모습을 생각해보면, 그분이 도무지 억제할 수 없는 환희에 빠지는 장면은 쉽게 상상할 수 없을 것이다. 사실 예수를 묘사하는 대목은 대개 삶을 너무도 심각하게 여긴 나머지 그런 가벼운 행동에 빠질 수 없는 분으로 그리고 있다. 그러나 나는 예수 역시 일종의 놀이에 참여했을 것이라 생각한다. 예수의 놀이는 다윗의 왕족 유형의 놀이와는 달리 평민에 어울리는 놀이다. 이는 카이와의 정의에 따르면 '루두스'에 속하는 놀이라고 할 수 있다. 말하자면 계산과 책략과 더불어 규율이 지배하는 놀이라는 뜻이다. (카이와는 규율에 종속되는 것을 거론하지만, 나는 규율에의 종속은 먼저 규율을 지배하는 일을 연습한 끝에 도달하는 것이라고 주장한다. 이런 모습은 예수가 당시의 율법적 습관 및 원리들과 복잡한 관계를 맺은 것을 통해 볼 수 있다.) 놀이꾼으로서의 예수에 대해서는 나중에 좀 더 충분히 다룰 예정이다.

놀이와 그리스도의 인격

미하이 스파리오수는 《다시 태어난 디오니소스 *Dionysus Reborn*》라는 책에서 서양의 철학적 담론의 발달 과정에서 놀이가 담당한 역할에 관해 말해준다. "헬라 사상에서 전前합리적인 의식구조에서 합리적 의식구조로의 전환을 반영해주는 또 다른 놀이 개념은 놀이를 가장假裝의 성격을 띤 활동 혹은 존재양식으로 생각하는 것이다. 이 개념은 닮음*homoiosis*의 개념을 통하여 모방적인 놀이 그리고 모방적인 몸짓과 연관되어 있다."[2] 닮음이라는 용어는 예수 그리스도의 정체성(과 사역)과 관련된 신학 담론에서 오랜 역사를 지니고 있다.[3] 주후 325년에 니케아에서 열린 첫 번째 에큐메니컬 공의회는 정통신앙이 예수 그리스도를 성부 하나님과 동일한 본체를 지닌 분으로 볼 것인지, 아니면 닮은 본체*homoiosis*를 지닌 분으로 볼 것인지를 결정하기 위한 것이었다.

이 공의회에서 정통파의 입장은 본질적으로 예수와 성부 하나님을 동일시한다고 결론을 내렸다. 그 시점으로부터 양자의 관계를 '닮은 꼴'로 주장하면 이단으로 간주되었다. 따라서 예수라는 인물과 하나님의 존재 사이에는 놀이의 여지가 전혀 없었다. 그런데 니케아 공의회의 주역인 아리우스는 그리스도에 관한 신앙고백에 놀이의 개념을 도입하는 것을 똑같이 달갑잖게 생각했다. 아리우스의 잘못은 놀이 개념을 제거한 것이 아니라 잘못된 방법으로 그것을 해결하려 했다는 데 있다. 그는 예수가 하나님에 의해 창조되었으므로 하나님이 아니라고 주장함으로써 그리스도 안에서의 놀이를 오른편이 아닌 왼편으로 옮기려고 했던 것이다.

그 이후에 일어난 그리스도론을 둘러싼 중요한 논쟁에서 번번이 놀이는 한 몫을 차지했다. 즉 **자유와 구조 사이, 주체와 객체 사이, 창조와 모방 사이에서 일어나는 일련의 활동 혹은 습관 혹은 아이디어**로서의 놀이가 그런 논쟁에 기여했다는 말이다. 예수는 진짜 인간이 아니었기에 진짜 고난을 당한 것이 아니며 겉으로 그렇게 보였을 뿐이라고 주장하는 가현설docetism이 배척을 받은 것은, 예수 그리스도를 이해할 때 놀이의 요소를 배제했기 때문이었다. 다른 한편, 예수는 하나님이 입양하신 고로 하나님의 아들이 되었으므로 본래는 인간에 불과했다고 주장하는 양자설adoptionism이 배척을 받은 것도 예수 그리스도를 이해할 때 놀이의 요소를 배제했기 때문이었다. 놀이라는 것은 양자 사이에서

> 어린이들은 우주 비행사와 우주 여행객으로서 장래에 대해 궁금해하고, 공룡과 왕자로서 과거를 파헤친다. 그리고 일기 예보자와 식당 종업원으로서 현실을 이해하고, 괴물과 작은 악마로서 비현실적인 것을 이해한다.
> _ 그레첸 오우키

놀이꾼은 미워하지 말고 게임을 미워하라

일어나기 때문이다. 그와는 달리 성육신을 그리스도의 인성과 신성의 역동적 연합으로 변호했던 터툴리아누스의 입장과, 그리스도를 하나님과 인간 사이의 '중보자'로 주장했던 오리겐의 입장은 이 놀이의 요소를 보존하고 있다.

> 그러므로 이 모든 영역(채색화, 조각, 소묘, 음악, 노래, 춤, 체조, 게임, 스포츠, 글쓰기, 말하기 등)에서 우리는 기나긴 생애가 다하도록 복잡하고 전문적인 형태의 탐구와 실험을 마음이 흡족하도록 계속 수행할 수 있다.
> _데스몬드 모리스

예수 그리스도가 누구인지를 아는 문제에 이르면 "역사의 우발적 진실들과 이성의 필연적 진리들 사이에 꼴사나운 도랑이 있다"는 G. E. 레싱 G. E. Lessing의 유명한 선언도 이 양자 사이에 있는 놀이에 대한 긍정적인 가치평가에 달려 있다.[4] 그리스도론의 역동성을 지탱해주는 것은 우리가 예수에 관해 알고 있는 것과 그리스도에 관해 알 수 있는 것 사이에 일어나는 놀이다. 반면에 이단의 발생을 부추기는 것은 서로 경쟁하는 주장들 사이에 일어나는 놀이에 대한 불안감이다.

피터 버거 Peter Berger는 《이단의 시대 The Heretical Imperative》라는 책에서, 이단 heresy이란 단어가 '선택의 행위'를 뜻하는 그리스어 단어 **하이레시스** bairesis에서 유래했다고 언급한다.[5] 이단이 되라는 정언명령은 분명히 상반되는 두 주장이 서로 놀도록 허용하지 말고 그 가운데 하나를 택하라는 요구다. 펠라기우스주의든 도나티즘이든 이단은 결국 놀이를 반대하는 운동인 셈이다. 이단은 놀이를 불가능하게 만든다. 요컨대 예수 그리스도의 인격에 관한 영원한 의문과 그 해답에 따르면, 고대의 공의회들은 서로 경쟁하는 주장들 사이의 놀이야말로 예수 그리스도의 인격의 중심 요소라 보았다고 할 수 있다.

야로슬라프 펠리칸Jaroslav Pelikan은 《예수의 역사Jesus through the Centuries》라는 책에서 온 세계로부터 수많은 예수의 상像들을 수집하여 토론한다.[6] 예수는 랍비, 이방의 빛, 왕 중의 왕, 우주적 그리스도, 세계를 다스리는 수도자, 평화의 왕, 성령의 시인, 해방자 등 온갖 이미지로 비쳐지고 있다. 이런 이미지들은 상호작용을 일으켜서 새로운 의미와 예전의 통찰을 끌어낸다. 이런 예수 이미지들은 예수에 대한 우리의 관념이 무척 다양하다는 것을 보여준다. 그래서 제각기 문화적 적실성을 갖게 되는 것이다. 그런데 이런 이미지들을 예수의 이미지로 알아볼 수 있는 이유는 그것들이 어느 정도 구조적인 관계를 공유하기 때문이다. 그래서 모두가 신학적 진리를 보유하게 되는 것이다.

이와 비슷하게, 브라이언 서튼스미스는 놀이를 '가변성'과 '구조적 유사성'을 모두 구현하는 활동으로 묘사하고 있다.[7] 그러니까 놀이는 역사를 가로질러 끝없이 다양한 형태로 그 모습을 드러낸다. 그러나 그것은 또한 어느 시대에나 항상 놀이로 알아볼 수 있는 것이다. 이런 의미에서, 놀이는 예수가 누구인 지를 보여주는 중심요소다. 예수는 다양한 문화적 이미지와 역 사적 이미지로 그 모습을 드러내지만, 신학적으로 또한 신앙적 으로 항상 나사렛 예수로 알아볼 수 있기 때문이다. 그렇기 때 문에 1세기와 그 이후 기독교 공동체가 지녔던 다양한 이미지 를 떠나서 예수가 누구였는지 또 무슨 말을 했는지를 확실하게 정립하려 했던 시도는 모두 실패로 끝난 것이다. 지금도 그렇거 니와 그분은 앞으로도 기독교 공동체의 집단의식을 가로질러 놀이를 계속하실 것이다.

놀이와 예수의 구원 활동

놀이는 예수 그리스도의 인격뿐 아니라 그분의 활동을 이해 하는 데도 중요하다. 예수 그리스도에 관한 많은 신학 토론은 그의 속죄 및 구속 사역에 초점을 맞춘다. 그런 활동을 묘사하 기 위해 사역work이란 용어를 사용하면 그 기본적인 특징을 가 리게 된다는 게 내 주장이다. 여기서 우리는 예수의 활동이 지 닌, 그동안 무시되어온 측면에 초점을 맞추려고 한다. 다름 아 닌 놀이의 측면이다. 예수의 속죄·구속 활동에 대한 고전적이고 전통적인 진술은 부분적으로 놀이의 개념을 담고 있다. 이레니우스의 구속론은 그리스도의 생명을 값으로 치르고 사탄에게서 인간을 사야 했다고 주장한다. 여기서 인간들은 하나님과 사탄 간의 거대한 게임에서 일종의 볼모로 비칠 수 있다. 이레니우스는 또한 속죄의 개념을 '재현再現, reca-pitulation'으로 발전시킨다. 브라이언 서튼스미스는 놀이를 최초의 균형이 회복되는 일종의 재현으로, 혹은 재연再演이나 재창조로 묘사한다. 이와 같은 강조점은 이레니우스의 저서에도 나타난다.

> 우리는 모두 빈 시간이 필요하다. 그러지 않으면 무언가를 창조하거나 꿈꿀 시간이 없을 것이다.
> _로버트 콜스

속죄에 관한 가장 흥미로운 이론 중 하나는 아퀼레이아의 루피누스Rufinus of Aquileia가 개발한 '쥐덫' 이론이다. 이 이론에 따르면, 성육신의 목적은 사탄을 낚기 위해 미끼를 제공하는 것이었다고 한다. 여기서 하나님과 사탄은 무제한적인 경쟁에 돌입했고, 예수도 그 경기에 참여한다. 캔터베리의 안셀무스가 정립한 만족설은 죄로 말미암아 하나님의 명예가 더럽혀졌다고 주장한다. 이 명예는 어느 정도의 만족을 통해 회복되어야만 한다. 그런데 오직 예수 그리스도만이 그런 손실을 만족시켜줄 수 있다. 봉건사회에서는 분명코 명예와 수치가 게임의 맥락을 형성했고, 그 가운데 예수 그리스도가 핵심 놀이꾼이었다.

구스타프 아울렌Gustaf Aulen의 고전적인 속죄 이론도 속죄를 그리스도가 주인공으로 등장하는 드라마로 이해하는 것이 가장 좋다고 주장한다. 이 견해에서는 속죄라는 것도 하나의 놀이인 셈이다. 물론 전통적으로는 예수 그리스도가 이룬 속죄와 구속을 '사역'으로 언급하지만, 어떤 의미에서 그것은 놀이이기도 하다. 앞서 언급한 구원론적인 본보기에서 예수 그리스도는 하나님의 아들로서 구속의 드라마에서 활약하는 주인공인 셈이다.

상상의 놀이에 우리가 진 빚은 도
무지 계산할 수 없을 정도다.
_칼 융

대다수 구원론에 대한 주요 비판은 그런 이론들이 토대를 두고 있는 환경에 대해 도덕적 반론을 제기할 여지가 있다는 것이다. 하나님의 손상된 명예는 왜 그리스도의 희생을 요구하는 것인가? 왜 전능하신 하나님이 사탄에게 덫을 놓아야 하는 것인가? 이런 것들은 모두 게임이고, 예수 그리스도는 그 게임을 하는 놀이꾼이다. 그런데 이 모든 본보기에서 신앙은 악과 고통의 존재에 대해 증오할 것을 요구한다. 즉, 우리는 놀이꾼을 미워해서는 안 되고 게임을 미워해야 한다는 뜻이다.

예수 그리스도의 구원 활동은 하나님과 죄와 악의 세력이 싸우는, 천상의 게임에만 국한되지 않는다. 예수 그리스도의 구원 활동은 또한 문화와 정치와 종교의 차원에서 벌어지는 지상의 게임에서도 일어난다. 이제 우리가 주목하게 될 것은 예수 그리스도가 이 지상의 게임에서 놀이꾼으로 등장하는 모습이다. 우리가 이해하는 예수 그리스도와 일부 학자들이 말하는 놀이의 본질 사이에는 한 가지 공통된 특징이 있다. "20세기 놀이에 관해 개진된 논지 가운데 가장 널리 받아들여지고 가장 중요한 구조적인 논지는… 놀이란 일종의 역설이라는 것이다. 이는 놀이가 언제나 스스로 드러내는 그 모습인 동시에 그것이 아니기도 하다는 것을 의미한다."[8] 예수 그리스도는 기독교의 핵심부에 있는 위대한 역설이다. 그분은 언제나 겉으로 드러난 존재인 동시에 그런 존재가 아니기도 하다. 이제 이런 통찰을 염두에 두면서 놀이꾼으로서의 예수 그리스도가 지닌 세 가지 차원을 생각해보자.

문화적 놀이꾼으로서의 예수

최근 들어 학계는 예수가 살았던 당시의 문화적 맥락이 명예·수치의 매트릭스에 지배되던 시기였음을 밝혀냈다.[9] 명예는 문화적으로 가진 자와 가지지 못한 자를 나누어놓는 사회적 평판이었다. 데이비드 드실바David A. deSilva는 이렇게 말한다.

명예는 역동적이고 관계적인 개념이다. 한편으로, 한 사람은 그가 속한 집단이 귀중한 사람의 특징으로 삼는 '명예로운' 행동과 특질을 구현하고 있다는 확신에 기초해 스스로를 명예로운 사람으로 생각할 수 있다. 명예의 이런 측면은 사실상 '자존심 self-respect'에 해당한다. 다른 한편으로, 명예란 한 사람이 그가 속한 집단으로부터 그 집단의 귀중한 일원으로 인정받는 일종의 존경이기도 하다. 이는 타인의 존경을 받는 경우다. 한 사람의 자존심이 타인의 존경심과 서로 상응하지 않을 때는 문제가 발생하긴 하지만, 그런 간격에 대처하는 전략을 개발하는 것은 가능한 일이다. 권력자와 대중, 철학자와 유대인, 이방인과 그리스도인이 명예와 불명예를 으뜸가는 가치의 축으로 간주할 때, 각 집단은 나름의 독특한 신념과 가치관에 입각하여 명예로운 행동이나 성품을 묘사하게 될 테고, 그들은 그 집단 안팎에 있는 사람들을 그에 따라 평가하게 될 것이다.[10]

이런 명예와 수치의 시스템은 실제로 승자와 패자가 있는 게임과 같은 역할을 했다. 혹자는 사회적 지위와 권력과 특권을 확보하는 등 명예를 획득함으로써 승자가 될 수 있었다. 또는 스포츠와 같은 경기에서 승리하여 명예를 얻을 수도 있었다.

이런 상황에서 명예는 무엇보다 자유인을 위한 것이었다. 노예와 여성과 농부는 결코 그런 명예를 기대할 수 없었고, 단지 수치를 피하기만 바랐을 뿐이다. 노예와 여성과 농부의 신분 자체는 수치가 그들의 삶의 일부임을 의미했다. 바로 이와 같은 명예와 수치의 게임 속에 예수가 뛰어난 놀이꾼으로 등장하신 것이었다. 여기서 예수가 놀이꾼인 것은 이런 의미의 놀이가 곧 생존의 수단이기 때문이다. 놀이는 "신중한 연기延期와 재고再考를 통하여 생존을 확보하는 일과 관련된… 생각과 행동에 있어서의 관조적 의사결정"이다.[11] 문화적 놀이꾼으로 활약하는 예수의 일차적 청중은 당시 명예와 수치의 게임에서 진 대규모 패자 집단이었다. 그들은 여가가 삶의 중요한 일부를 차지하는 부류가 아니었다. 인권운동 지도자였던 랠프 애버내시Ralph Abernathy는 가난한 사람과 여가의 관계를 이렇게 말했다. "가난한 사람들에게 여가 시간이 있다고 생각하는 것은 잘못이다. 그들의 존재는 온통 생존에 맞춰져 있다. … 가난한 사람들이 가난의 현실에서 도피할 수 있는 순간이 있는 것은 사실이지만, 그들의 도피 패턴은 보통 절망적인 가난의 함정에서

의례는 성스러운 놀이 속에서 자라났고, 시는 놀이 속에서 태어나서 놀이를 영양분으로 삼았다. 음악과 춤도 하나의 순수한 놀이였다. … 그러므로 문명은 가장 초기 단계에서는 일종의 놀이였다고 결론을 내려야겠다. 문명은 아기가 엄마의 모태에서 떨어지듯이 **놀이로부터** 분리되는 것이 아니며, 놀이 **안에서** 그리고 놀이**로서** 발생하고, 결코 그것을 떠나지 않는다.
_요한 하위징아

놀이꾼은 미워하지 말고 게임을 미워하라

벗어나려는 몸부림 친다. … 가난한 이들에게는 여가 시간이 없다. … 가난한 사람들은 이런 생활을 도피하려고 위스키와 습관성 마약 등 위안을 주는 것이면 무엇이든 손에 넣는다. 그러나 그들은—우리 모두가 알고 있듯이—그것이 여가가 아니라는 것을 알고 있다."[12]

예수가 당시에 교제했던 사람들은 생존을 위해 몸부림치던 농부 계급, 여가는 한낱 사치에 불과했던 그런 계급이었다. 그럼에도 뛰어난 놀이꾼이었던 예수는 그들에게 게임하는 법을 가르쳐준다. 예수가 취한 일차적 접근은 청중에게 어떻게 하면 "신중한 연기와 재고를 통해" 일상생활을 잘 헤쳐 나갈 수 있는지를 보여주는 것이었다. 예수는 추종자들에게 "건축자들이 버린 돌이 모퉁이의 머릿돌이 되었다"(막 12:10-11)는 것을 상기시켜주었다. "인자가 온 것은 섬김을 받으려 함이 아니라 도리어 섬기려"(막 10:45) 온 것이라고 상기시켜주었다. "나중 된 자로서 먼저 될 자도 있고 먼저 된 자로서 나중 될 자도 있다"(눅 13:30)는 점도 상기시켜주었다.

문화적 놀이꾼으로서 예수는 그 게임에 수치스러운 사람과 불명예스러운 사람을 포함하심으로써, 또 은혜를 게임의 수정자로 도입하심으로써 문화적 명예·수치의 시스템을 조종할 수 있었다.[13] 그는 은혜를 놀이에 불러들였다. 예수는 여분과 용서의 성격을 지닌 은혜를 통하여 불명예스러운 사람에게 명예를 부여할 수 있었다. 흔히 간과되기는 하지만 20세기 중반에 일어난 인권운동의 큰 특징 중 하나는 수치스러운 부류에 속했던 사람들이 출현하여 자신들에게 합당한 명예를 달라고 끈질기게 요구한 것이었다. 그 행진과 배척에 참여했던 사람들은 복장과 품행과 말과 걸음걸이를 통하여 명예로운 자리를 달라고 요구했다. 그들은

> 학교 바깥에서 거친 놀이에 참여하는 소년들은 학교 안에서 난폭한 놀이에 끼어들 필요를 느끼지 않을 것이다. _시어도어 루즈벨트

예수의 행위를 자신의 모델로 삼았다. 그분이 본보기와 가르침을 통해 게임하는 법과 거기서 살아남는 법을 보여주셨기 때문이다.

정치적 놀이꾼으로서의 예수

예수는 당시의 문화적 환경에서 놀이꾼이었을 뿐 아니라 정치적 환경에서도 놀이꾼이었다. 성경 이야기는 그분과 정치권력의 충돌을 잉태된 순간부터 죽음과 그 이후의 순간까지 계속 진술하고 있지만, 그런 충돌에 담긴 깊은 의미를 온전히 이해하려면 놀이꾼으로서 예수의 활동을 고찰할 필요가 있다.

놀이에 관한 연구에서는 놀이꾼이 놀이를 통달하는 발달 과정을 중요시한다. 어린이 발달 분야의 전문가인 장 피아제Jean Piaget는 '놀이 통달' 이론을 개발했다. 이 통달은 "동화와 적응이라는 중요한 과정, 곧 세상을 자신의 관념에 맞게 수정하고 〔자신의〕 행동을 세상의 요구에 맞추어 바꿈으로써 이루어진다."[14] 이처럼 놀이 통달을 동화와 적응으로 규정한 피아제의 정의는 최근의 사상가들에게 비판을 받아 수정되었다. 그 가운데 좀 더 창조적인 수정사항은 놀이와 몰입flow을 구별하는 것이다. "놀이에서는 기술이 도전을 넘어서지만, 몰입에서는… 양자가 서로 조화를 이룬다."[15] 동화와 적응에 초점을 두는 피아제의 이론은 놀이가 주로 통달보다는 생존과 연관이 있다고 시사한다. 그러나 이 정의에 따르면, 기술이 도전을 능가하므로 놀이는 통달인 셈이다.

예수는 자신의 정치적 환경을 통달할 수 있었기 때문에 정치적 놀이꾼이었다고 할 수 있다. 그러므로 예수가 정치적 환경을 이겼다고 하는 교회의 주장은 이런 의미에서, 신학적 주장에 불과한 게 아니라 정치적 사실이기도 했다. 예수는 놀이터를 재정의하고 따로 분리함으로써 정치 당국자들을 자유자재로 가지고 놀았기 때문에 진정한 의미의 통달자였다. 그분이 제국 권력에 대한 충성심에 대해 도전을 받았을 때 "가이사의 것은 가이사에게, 하나님의 것은 하나님께 바치라"(마 22:21)고 응답하신 것이 좋은 본보기다. 예수가 '주요 구원자'라는 호칭을 주장한 것이 논쟁을 불러일으킨 것은 로마의 황제도 그 호칭을 자신의 것으로 주장했기 때문이었다.

정치적 놀이꾼으로서 예수가 지닌 정체성은 본디오 빌라도와의 만남에서 뚜렷이 드러난다. 이 만남은 "내 나라는 이 세상에 속한 것이 아니"(요 18:36)라는 말씀을 중심으로 전개된다. 바로 이 진술은 예수가 그를 둘러싼 정치 환경을 통달할 기회를 잡았음을 보여준다. 이 순간에 예수는 창조적으로, 또 상상력을 동원하여 로마제국의 권력과 관계하고 있다. 그분은 정복이 아닌 통달을 통하여, 무력이 아닌 자유를 통하여 그리하신다. 프리드리히 폰 실러J. C. Friedrich von Schiller는 《인간의 미적 교육에 관하여On the Aesthetic Education of Man》라는 책에서 이렇게 말한다. "무시무시한 권력의 영역 한복판에서, 그리고 신성한 법의 영역에서 미적 창조력은 뜻밖에 기쁨이 충만한 제3의 놀이와 외형의 영역을 건설하고, 그 안에서 인류를 모든 환경의 족쇄에서 해방하고 신체적이든 도덕적이든 인간을 억압하는 모든 것으로부터 그를 자유롭게 해준다. … **자유를 수단으로 삼아 자유를 부여하는 것**이야말

당신이 나이가 들수록 놀이를 계속하기 어려워진다. 놀이를 적게 하게 되지만, 물론 꼭 그래야 하는 법은 없다._리처드 파인만

놀이꾼은 미워하지 말고 게임을 미워하라

로 이 나라의 기본 법칙이다."[16]

바로 이 자유가 정치적 놀이꾼으로 하여금 놀게 해주는 것이다. 이는 놀이꾼에게 주어지는 자유가 아니라 그가 붙잡는 자유다. 이에 대해 윌리엄 새들러 William A. Sadler Jr.는 이렇게 말한다. "사람은 놀이를 통하여 자신의 지각 작용을 강화하고 개인화하며, 자기 세계의 경계선을 설정하고, 원초적인

> 놀이의 반대는 일이 아니라 우울함이다. _ 브라이언 서튼스미스

시공간을 빚어내고, 개인적인 세계를 조성할 수 있는 기회를 활용하게 된다. … 놀이를 통하여 사람은 나름의 공간을 창조하고, 의미와 함께 실험하고, 자기 정체성을 확립할 수 있는 자유로운 영역을 스스로에게 부여해준다."[17]

예수가 제국의 권력을 다룰 때 놀이꾼의 모습을 보이신 것은 또 다른 세계를 창조하고 구현할 수 있는 능력을 지니고 있었기 때문이다. 그것은 로마제국의 권력이 다스리는 세계와 대조되는 세계다. 존 도미니크 크로산 John Dominic Crossan은 그의 책《하나님과 제국 God and Empire》에서 예수의 이 말씀을 좀 더 온전한 맥락에서 해석해야 한다고 주장한다.[18] 이 온전한 맥락이란 예수가, 제자들이 자신을 죽음에서 구하기 위해서라 할지라도 폭력에 의존하면 안 된다고 말한 입장을 포함하고 있다. 예수가 묘사하는 나라와 로마제국의 권력이 미치는 나라의 차이점은,

전자는 비폭력에 의해 유지되는 반면에 후자는 폭력에 의해 지배되고 있다는 것이다. 그렇기 때문에 혁명가라는 호칭으로는 당시의 정치적 맥락에서 예수의 사역을 제대로 포착할 수 없는 것이다. 그분을 혁명가로 정의하게 되면, 우리 가운데 행하시는 그분의 활동을 좁은 테두리 안으로 제한하게 된다. 그래도 그 호칭을 사용하고 싶으면 먼저 혁명이라는 용어를 재정의하지 않으면 안 된다. 예수는 놀이꾼으로서 당시의 정치권력과 직접 충돌하지 않으면서 그들을 지배할 수 있었다. 말하자면, 정치적 억압이 성행하던 환경에서 정치적 창조성과 자유의 영역을 새롭게 정의할 수 있었던 것이다.

아프리카계 미국인이었던 말콤 X는 정치적 놀이꾼의 한 본보기였다. 그는 1960년대 미국의 정치적 지뢰밭에서 자신의 길을 걸을 수 있는 기술이 있었다. 그는 아프리카계 미국인들이 자신들의 의사를 표현할 수 있는 자유와 창조성의 영역이 존재한다고, 또 이런 영역의 창조가 제국 권력의 폭력적 억압에 저지되지 않을 것이라고 주장했다. 그 덕분에 그는 분리주의자요 폭력을 옹호하는 자라는 오명을 받았다. 그가 정치 게임에서 활용한 이런 놀이 기술은 보스턴과 뉴욕의 거리에서 습득한 것이었을 가능성이 높다. 이런 놀이의 모델이 되었던 인물은 바로 예수였다. 그분은 로마제국 권력의 한복판에서 대담하게 다른 나라에 입각해 살 것을 주장하셨다.

종교적 놀이꾼으로서의 예수

명예와 수치의 사회 시스템은 예수에게 문화적 놀이터를 제공했고, 제국의 권력을 표방했던 로마는 예수에게 정치적 놀이터를 제공해주었다. 이제는 종교적 놀이꾼 예수에게 눈을 돌려보자. 예수의 종교적 놀이터는 당시에 유대교를 구성하고 있던, 갈수록 복잡해지고 커져가던 율법과 명령의 체계였다. 이런 종교적 놀이터는 종종 명예와 수치의 문화적 놀이터를 뒷받침해주었기 때문에 기본 바탕이었다. 그리고 이 놀이터는 제국 권력의 정치적 놀이터에 냉담하거나 그것과 충돌을 일으키곤 했다. 그런데 놀이꾼이었던 예수는 세 가지 중요한 지점에서 이 종교적 놀이터에 개입했다. 안식일의 의미, 자유의 의미, 미래의 의미가 바로 그것이다.

네 복음서는 모두 안식일의 의미를 둘러싸고 예수와 종교적 대적들이 충돌하는 장면을 묘사하고 있다.[19] 모든 경우 예수가 안식일을 지키지 않는다고 비난받는 것은 그 성스러운 시간에 인간의 필요를 돌보기 때문이었다. 예수는 자신의 제자들에게

양식을 먹이고 상처받은 자들을 치유해주신다. 율법을 범한다는 비난이 쏟아지자 그분은 자기 대적들에게 그들은 안식일에 제 소유의 동물을 구하는 것을 전혀 문제 삼지 않는다고 지적하셨다. 여기서 예수는 그들이 동물이나 재산을 인간보다 가치 있게 여기는 습관을 뒤집어놓으신다. 그분은 인자가 안식일의 주인이라고 천명함으로써 스스로 이 순간을 지배하고 있다고 주장하신다.

예수가 살았던 당시만 해도 사람들은 그저 종교적 규칙을 준수했을 뿐, 그 속에 담긴 논리와 의미는 왜곡되거나 가려져 있었다. 놀이꾼 예수는 그런 상황에 뭔가 다른 것을 야기했던 것이다. 로버트 존스턴Robert K. Johnston은 이렇게 말한다. "놀이꾼이란 일련의 규칙, 곧 질서를 취하여 자신의 기쁨과 능력과 자발성을 자유로이 표현하는 통로로 사용하는 사람을 일컫는다. 규칙은 그 자체를 위해 중요한 것이 아니라 놀이 활동을 위해 중요한 것이다."[20] 예수가 율법에 접근할 때 바로 이런 태도를 지니고 있었으며, 특히 안식일의 의미와 관련해 그러했다. 당시에 안식일은 종교적 경배의 기쁨과 자발성을 위해 중요했던 게 아니라 그 자체를 위해 중요시되었다. 예수가 스스로 안식일의 주인이라고 천명하신 것은 율법을 경배의 통로로 주장한 것과 다름없다.

놀이의 중요한 특징 중 하나는 자유로움이다. 자유가 없으면 놀이도 있을 수 없다. 브라질의 교육가요 신학자인 루벰 알베스Rubern A. Alves는 "놀이는… 상상력으로부터 질서를 창조하므로 자유로부터 그것을 창조하는 셈이다"[21]라고 말한다. 예수가 놀이꾼이었던 것은 바로 그분이 자유로부터 질서를 창조할 능력을 지니고 있었기 때문이다. 그분이 주장했던 자유는 **무엇으로부터의** 자유가 아니라 **무엇을 위한** 자유였다.

> 젊음 그 자체는 놀아야 하기 때문에 존재하는 것이다. 젊기 때문에 노는 게 아니라 놀아야 하기 때문에 젊은 시절이 있는 것이다.
> _카를 그로스, 독일의 진화론자

성경학자인 에른스트 케제만Ernst Käsemann은 《예수는 자유를 뜻한다Jesus Means Freedom》라는 책에서 "예수는 동시대인의 경건과 신학을 돌파한 뒤에 모세의 율법이 있던 자리에 하나님의 약속과 사랑을, 유대교의 전통이 있던 자리에 성령의 선물을, 결의론(casuistry: 사회적 관습이나 교회의 가르침, 성경의 율법에 비추어 도덕적 문제를 해결하려는 방식—옮긴이)이 있던 자리에 하나님의 분명한 뜻을, 선행이 있던 자리에 은혜를 가져왔다"[22]라고 썼다. 요컨대, 예수는 자유로부터 그리고 자유를 위하여 창조된 질서를 포용할 수 있었던 것이다. 즉 자유를 희생시키지 않으면서 질서를 포용할 수 있는 능력이 있었다는 뜻이다.

놀이는 시간과 역사 속에서 행해지지만 시간이나 역사의 제약을 받지는 않는다. "놀이는 부분적으로 기억을 처리하는 데 있다. 하지만 놀이가 또한 변화를 중재하고 현재를 바꾸고 미래를 현실화할 수 있는 것은, 그 자체가 무역사적 ahistorical 이지는 않지만 물리적 시간이나 역사적 의식에 의존하지 않기 때문이다."[23] 예수는 신봉자와 비방자를 만날 때 실제로 시간과 역사를 가로질러 놀이함으로써 변화를 도모할 수 있었다. 그분은 놀이를 통해 과거와 현재를 나란히 놓고, 이 양자를 통해 희망적인 미래를 상정할 수 있었다.

> 창조적인 사람은 굉장한 모험 정신과 놀이를 사랑하는 마음이 있으며, 더불어 호기심과 융통성과 끈기와 독립심이 있다.
> _ 앙리 마티스

우리 시대에 종교적 놀이꾼으로 유명했던 인물은 마틴 루터 킹일 것이다. 미국의 시민종교와 아프리카계 미국인의 영성이 서로 겹치는 영역에서 놀 수 있었던 그는, 각각의 중심에 있는 자유를 달라고 주장하며 이 자유라는 기둥 위에 새로운 질서를 세울 수 있었다. 바로 이 새로운 질서야말로 그가 내건 강력한 '꿈'의 이미지를 형성하는 것이었다. 킹의 모델은 바로 탁월한 놀이꾼이었던 예수였다. 예수는 규칙(율법)의 정신 안에서 창조적인(자유를 가져오는) 존재가 되어 종교 당국을 영리하게 가지고 노는 법을 보여주셨던 것이다.

"그러니까 거칠게 놀고 싶다는 거지?"

이는 1983년에 상연된 영화 〈스카페이스 Scarface〉에서 주인공인 토니 몬타나가 내뱉은 대사다. 스카페이스는 포스터와 의복을 비롯한 많은 파생 상품이 만들어지는 등 상당수 랩 예술가들과 팬들에게 중요한 문화적 아이콘으로 자리를 잡았다. 하지만 우리가 이 대사를 언급하는 것은 놀이꾼으로서의 예수에 관한 논의 결론부의 출발점으로 삼기 위해서다. 우리는 앞에서 놀이를 일종의 회피, 연기, 속임수 등으로 거론했다. 다른 한편, 놀이에는 대결과 갈등의 차원도 있다. 이런 경우에는 놀이가 싸움, 거친 놀이 또는 난투극이 된다.

최근 어린이와 사춘기 아이들의 놀이 습관을 연구한 바에 따르면, "난투극이나 놀이싸움의 경우는 특별히 문젯거리가 되는 것"[24]으로 밝혀졌다. 이 연구 결과는 거친 놀이가 특히 남자들 가운데서는 지배력을 확보하기 위한 목적으로 이용되고 있음을 보여준다. 더구나 놀이싸움과 진짜 싸움 간의 차이가 실제로 사라지고 있다. 기분전환을 위해 시작되었던 것이 이제는 그 선을 넘어서 상대에게 해를 입히려는 의도로 변질되는 것이다.

클리포드 기어츠 Clifford Geertz 는 발리에서 도박용 닭싸움을 관찰하여 심층놀이의 개념을 발전시킨 인물이다. 놀이(도박)에 폭력(닭싸움)이 더해지면 다른 색깔의 놀이가 창조된다. 기어츠는 이렇게 말한다. "발리 사람들이 닭싸움에 가는 것은, 평상시에 차분하고 초연하고 자기에게만 몰입되어 있던 사람, 곧 도덕적 자기세계에 갇힌 사람이 공격과 괴로움과 도전과 모욕을 당해서 극단적인 분노에 치닫게 될 때 완전히 승리에 도취하거나 치명적인 침체에 빠지는 모습을 보기 위해서다."[25] 이런 심층놀이는 전쟁과 같은 경우에 더욱 극단적으로 표출된다. 전쟁은 때때로 **전쟁 게임**으로 불리고 일부 문화에서는 놀이하듯이 치러지기도 한다. 우리가 어떤 비디오 게임에서 보듯이, 전쟁과 공격성과 폭력이 놀이의 개념에 추가될 때, 충돌이 벌어지는 상황에서의 놀이 방식이 전쟁에서 실제 사람들을 실제로 죽이는 것과 같지만, 이 사실을 거의 인지하지 못한다.

놀이는 뜻밖의 일을 위한 훈련과 같다. _마크 베코프

놀이와 권력의 상관관계는 서양의 이데올로기에 깊이 뿌리박혀 있다. 플라톤은 놀이를 초월적인 존재의 일부로 이해했고, 그것을 실재의 요소들 사이에서 일어나는 환원 불가능하고 변치 않고 추상적이고 비폭력적인 상호작용이라고 말했다. 다른 한편, 또 다른 헬레니즘의 놀이 개념은 놀이를 경쟁과 다툼과 물리적 힘과 연관시켰다. 권력이 전자의 경우에는 초월적인 원리인 데 비해, 후자에서는 물리적 힘인 셈이다. 그래서 마하이 스파리오수는 "아주 초기부터 양분된 헬레니즘의 권력 개념은 그에 상응하는 놀이 개념과 함께 오늘까지 간헐적으로 내려온, 문화적 권위를 차지하기 위한 싸움에 개입하고 있다"[26]라고 말한다. 브라이언 서튼스미스는 놀이와 권력의 관계는 수사학적 성격을 지니고 있다고 주장한다. "권력으로서의 놀이는 갈등을 표현하는 수단으로, 그리고 놀이를 통제하는 자들이나 놀이의 주인공들의 위상을 부각시키는 통로로 이용한다. 이 수사학은 전쟁과 가부장제만큼 오래된 것이다."[27] 심층 놀이, 권력 놀이, 난투극, 그리고 특히 남성만의 활동이나 가부장적인 활동은 놀이의 진지한 측면을 보여주는 여러 차원이라고 볼 수 있다.

예수는 당시의 문화적·정치적·종교적 놀이에 참여했던 인물이다. 그러나 예수의 활동 가운데서 놀이의 중요한 의미는 이런 맥락들로는 모두 설명할 수 없다. 보통은 예수와 놀이와 십자가를 서로 결부하지 않는다. 하지만 십자가는 위의 맥락들 가운데 어느 하나가 혹은 모두가 거칠어질 때 일어나는 현상을 보여주는 상징이다. 한 사람이 당대의 문화적·정치적·종교적 규범들을 계속 회피할 때에는 위험 수위가 더욱 높아지는 법이다. 놀이가 거칠어지면, 놀이가 지닌 '가장假裝'의 차원이 줄어들고 놀이싸움은 진짜 폭력과 구별할 수 없게 된다. 위에서 언급했듯이, 거친 놀이의 목적은 지배력을 확보하고, 차분하고 침착한 사람이 "공격과 괴로움과 도전과 모욕을 당할 때" 어떻게 되는지를, 즉 완전히 승리에 도취하거나 치명적인 침체에 빠지는 모습을 보는 것이다.

십자가에서 우리는 거친 놀이의 궁극적인 예를 본다. 그 잔인성은 로마의 십자가형을 둘러싼 섬뜩한 카니발과 손을 잡는다. 그것은 예수를 죽음으로 이끈 일인 동시에 그분이 궁극적 승리를 거둔 사건이다. 당대의

> 어린이들은 흉내 내기를 할 때 상상력을 동원하여 현실의 테두리를 뛰어넘는다. 막대기는 요술지팡이가 될 수 있고, 양말은 꼭두각시가 될 수 있다. 키 작은 아이가 영웅이 될 수도 있다.
> _프레드 로저스

문화적·정치적·종교적 권력의 한복판에서 벌인 예수의 놀이는 십자가에서 우주적 차원의 선과 악의 충돌로 변형되었다. 그러나 예수는 그 게임에 의해 패배하는 것이 아니라 승리자의 모습을 보여준다.

인간의 기본 활동으로서의 놀이는 문화적·정치적·종교적 의미를 지니고 있다. 더 나아가 '사람의 아들' 곧 '인자'는 이런 놀이 습관에 참여하는 인물로 등장한다. 예수는 진정한 인간으로서 자신이 몸담은 세상에서 자유롭게 행할 수 있는 자유의지를 가졌다는 면에서 한 명의 놀이꾼이었다. 놀이는 그 결과가 미리 정해져 있지 않기 때문에 자유의지와 연결되어 있다. 그리

고 자유의지의 행사에는 기쁨의 요소가 있다. 자유의지는 하나님이 설정해놓으신 시간과 공간의 테두리 내에서 발휘된다. 이를 전통적인 신학 용어로 하나님의 섭리라 부른다.

4

놀이하는 인간, 교회
그리고 우주

playing

놀이의 영은 인간의 내면생활과 공적 삶에 존재하고 또 교회생활의
보이는 차원과 보이지 않는 차원에도 존재할 뿐 아니라, 우주의 시작
과 끝에도 존재하고 있다.

어린 시절에 나는 다섯 아이의 장남으로서 그 특권을 톡톡히 누렸다. 내게는 두 형제와 두 자매가 있었다. 우리 부모는 미시건 주 디트로이트에 있는 세컨드 겟세마네 미셔너리 침례교회의 목사와 사모였다. 두말할 필요도 없이 우리는 어린 시절에 많은 시간을 교회에서 보냈다. 일요일 아침마다 오전 9시에 주일학교 예배를 드렸고, 이어서 11시에 오전 예배를 드렸다. 그러고 나서 우리 교회나 근처에 있는 교회에서 오후 예배도 자주 드렸다. 게다가 적어도 한 달에 한 번은 저녁예배도 있었다. 이 밖에도 부흥회와 창립 기념 예배와 같은 특별 행사가 많이 있었다.

우리는 예배를 드리며 많은 시간을 보냈기 때문에 우리가 좋아했던 놀이 중 하나가 바로 '교회놀이'였다. 이 놀이는 예배 때에 어른들이 맡는 여러 역할을 우리가 각각 맡는 것이었다. 나는 설교자 겸 목사의 역할을 맡았고, 바로 아래 남동생은 찬양 담당자의 역할을, 자매들은 안내위원이나 성가대원의 역할을 맡아 전통적인 교회에서 하듯 적당히 역할을 나누었다. 막내 동생은 집사의 역할이었다. 우리는 제

놀이는 두뇌가 좋아하는 학습 방법이다. _다이앤 애커먼

각기 맡은 역할에 맞추어 억양과 몸짓과 걸음걸이와 태도 등을 다듬는

데 많은 시간을 보냈다. 우리의 '교회놀이'가 우리가 흉내 내는 어른들만큼 진지하지는 않았지만, 종종 우리가 행하는 것이 실제인 것처럼, 우리가 영적 영역으로 들어간 것처럼 느껴질 때도 있었다. 이런 면에서 교회놀이는 긍정적 의미였다고 할 수 있다. 앞에서 언급했듯이, 진정한 놀이에는 '가장假裝'의 의식이 포함되어 있다. 방금 묘사한 놀이에서는 그 '가장'이 실제를 추구하고 있다. 따라서 그것은 가식이 없는 '가장'이다.

이런 식의 교회놀이는 두 가지 구실을 했다. 그것은 우리를 예배 전통에 깊이 뿌리내리게 해주고, 흉내 내기를 통하여 경의와 존경을 표하게 해주었다. 우리의 교회놀이는 존경심이 가득한 것이었다. 새롭고 창조적인 방법으로 교회가 되는 것을 상상하고 또 경험하게 해주었다. 그 놀이는 우리에게 그런 전통 위에 교회를 세우는 자유를 주었다. 전통을 존중하는 방식으로 한

교회놀이는 (놀랍지는 않지만) 흥미로운 결과를 낳았다. 내가 마침내 실제로 설교자 겸 목사가 된 것이다. 바로 아래 남동생은 한참 전에 교회의 음악 담당자가 되어 지금까지 그 사역을 하고 있다. 막내 남동생은 다니는 교회에서 평신도 지도자가 되었다. 전통을 확장하고 그 위에 세워진 교회놀이는 또한 놀라운 결과를 낳았다. 막내 여동생은 성가대원이 된 적은 없으나 교회에서 지도자로 재정을 담당하고 있다. 다른 여동생은 안수를 받아 목사가 되었다. 교회놀이는 우리를 전통의 테두리 안에 가둔 것이 아니라 우리로 하여금 자연스럽게 교회에 접근하도록 도와주었다.

교회놀이는 우리 전통의 뿌리에서 우리를 소외시킨 것이 아니라 우리로 하여금 그 뿌리에서 창조적인 영양분을 섭취하게 해주었다.

놀이의 영

이런 교회놀이 가운데는 보편적으로 비난받지는 않지만 때때로 의심을 사는 놀이가 있다. 이런 의심은, 놀이가 교회를 진지하게 만드는 데 방해된다고 생각하기 때문에 생긴다. 대중문화에 흔히 풍자적으로 등장하는 모습이 바로 그런 교회놀이다. 아프리카계 미국인의 민속 이야기에서 어디서나 우스갯감이 되는 것은 설교자와 교회다.

마야 안젤루Maya Angelou는 훌륭한 자서전,《나는 왜 새장에 갇힌 새가 노래하는지를 안다 *I Know Why the Caged Bird Sings*》에서 교회놀이에 관한 이야기를 들려준다.[1] 그 이야기는 온통 유머와 충동으로 가득 차 있다. 최근의 예를 들어보자. 극작가이자 영화 제작자인 타일러 페리Tyler Perry의 유명세는 미국 전역의 아프리카계 미국인 공동체들에서 하는 주일 오후 식사를 멜로드라마로 만든 덕분에 생긴 것이다. 이런 드라마들은 종종 교인에 대한 천편일률적인 이미지를 이용해 만들어지곤 한다. 예나 지금이나 아프리카계 미국인의 교회 생활은 미국의 연예계에 유머와 오락거리를 많이 제공해왔다.

물론 모든 교회놀이가 긍정적인 성격을 지니고 있는 것은 아니다. 아프리카계 미국인 공동체에서 특정한 종류의 교회놀이는 신자들에게 비난 받은 게 사실이다. 이런 비난은 교회를 가볍게 혹은 유머러스하게 묘사한 것과는 아무 관계가 없다. 그런 교회놀이는 심각한 문제다. 그것은 신앙과 전도를 엉터리로 묘사하는 것과 관련이 있기 때문이다. 교회놀이는 칼 바르트가 19세기 독일의 부르주아 교회를 비판하면서 비난했던 대상이다. 교회놀이는 프레더릭 더글러스Frederick Douglas가 19세기 미국의 노예 소유 계급의 기독교를 비판하면서 비난했던 대상이다. 모든 놀이가 그렇듯이, 이런 교회놀이도 '가장'의 요소를 포함하고 있다. 그런데 이런 경우에는 '가장'의 요소가 실제적인 모습을 궁지에 몰아넣는다. 방금 인용한 경우는 모두 역사상 가장 큰 배교에 해당한다.[2]

우리는 하나님을 '시간적으로나 공간적으로, 놀이의 창시자로 생각한다는 게 어떤 의미일까' 하는 생각으로 이 여정을 시작하였다. 이어서 예수를 이런 특별한 의미의, 그리고 일반적인 의미의 놀이꾼으로 생각한다는 게 어떤 의미일까 하는 의문을 가졌다. 이제는 성령을 놀이의 영으로 거론한다는 게 어떤 의미인지를 알아볼 차례다. 여기서 내가 주장하고 싶은 것은 성경이 세 가지 차원에서 놀이를 지지해준다는 것이다. 말하자면 놀이하는 인간, 놀이하는 교회, 놀이하는 우주다. 이어지는 내용은 이런 종류의 놀이가 어떤 모습인지를 기껏해야 어렴풋이 보여줄 뿐이다. 그러나 종교적 습관으로서의 놀이에 관한 우리의 논의를 마무리하는 시점에서 나는 이 세 가지 차원의 놀이는 상당한 중요성을 지니고 있다고 말하고 싶다.

놀이하는 그리스도인

놀이는 특히 그리스도인을 포함한 모든 사람이 행하는 기본적이고 실존적인 습관이다. 우리가 자유의지를 지니고 창조되었다는 사실은 우리가 놀이하는 존재로 창조되었음을 보여준다. 그렇다고 노동이 삶의 필수적인 부분이 아니라거나 노동은 창조적이고 보람 있는 활동이 될 수 없다는 뜻은 아니다. 그러나 노동에서는 창조적 차원과 구속적 차원이 그 기능적 차원과 생산적 차원에 종속되는 데 비해, 놀이에서는 창조성과 성취와 무無목적성까지도 그 전면과 중심에 위치한다.

> 문화는 놀이 안에서 그리고 놀이로서 발생하여 점차 펼쳐진다.
> _요한 하위징아

인간성에 생기를 주는 영은 다름 아닌 놀이의 영이다. 이 영은 우리의 잠재력을 실현하고 하나님께 온전히 영광을 돌리는 데 필요한 능력을 공급해주는 근원이다. 우리가 잠재력을 실현할 수 있는 것은 자유를 지니고 있기 때문이다. 사르트르가 말했듯이, "만일 사람이 스스로 자유롭다는 것을 알고 그 자유를 사용하고 싶다면, 그가 하는 활동은 곧 놀이다."[3] 놀이는 또한 우리로 하여금 하나님께 온전히 영광을 돌리게 하는데, 진정한 찬양은 놀이의 특징을 지니고 있기 때문이다. 여기서 우리는 앞

장에서 논의한 내용, 곧 다윗이 하나님 앞에서 뛰노는 장면을
떠올릴 수 있을 것이다.

종교로서의 놀이

즉, 놀이는 우리의 종교적 경험과
습관의 중심에 있다. 이는 특히 데이
비드 밀러David L. Miller가 주장한 것이

> 놀이는 인류 최고의 지성이 활짝
> 펼쳐질 수 있는 유일한 길이다.
> _조지프 칠턴 피어스

다. 많은 사람에게 놀이의 개념과 종교의 개념은 기껏해야 서로
무관한 것으로, 최악의 경우에는 양립할 수 없는 것으로 비칠
것임을 밀러도 인정한다. "놀이를 사람의 일상적 실존의 배후에
있는 종교라고 언급하는 것은 종교적인 의식意識의 역사에서 급
진적인 개혁이 필요하다는 것을 의미한다."[4]

종교 의식의 역사에서 급진적 개혁이 필요한 이유는 종교가
보통은 추상적인 추론이나 심오한 감정을 통하여 '존재의 실상'
을 설명하거나 정당화하거나 증명하는 일에 초점을 맞추기 때
문이다. 그러나 종교로서의 놀이는 '존재의 실상'에 초점을 맞
추지 않고, 일상의 현실에서 '걸어 나와서' 또 다른 의미의 영역
으로 들어가는 데 초점을 맞춘다. 한 문화인류학자가 말했듯이,

"경험적인 지식을 초월하는 놀이 능력은 놀이를 종교와 비슷하게 만들어준다."[5] 후고 라너Hugo Rahner도 독창적인 저서인《놀이하는 인간Man at Play》에서 이와 비슷한 주장을 한다. 그는 우리에게 필요한 것은 '놀이의 신학theologia ludens' 즉 하나님과 인간과 교회의 본질을 놀이의 개념에 비추어 재검토하는 신학적 관점이라고 말한다.[6]

　놀이와 종교는 참으로 심오하고 근본적인 상관관계를 지니고 있다. 위르겐 몰트만은 "종교는 모든 경우에 반드시 인간의 **필요**에 의해 생기는 것은 아니고, 오히려 **놀이**와 **표상**과 **상상력**의 산물일 가능성이 더 많다"[7]라고 주장한다. 말하자면, 우리가 종교 행위를 하는 것은 반드시 그래야 하기 때문이 아니라 그러고 싶기 때문이라는 뜻이다. 몰트만은 이어서 놀이의 개념과 종교적인 해방을 서로 연관 짓는다. 그는 놀이야말로 "현존하는 삶의 시스템에서 해방되는 길"을 열어준다고 주장한다.[8] 몰트만의 신학에서 죄는 구체적으로 역사적 억압의 형태를 취하는데, 이 죄가 바로 놀이를 방해하는 것이다. 그러므로 신자는 죄와 죄책감과 절망의 세력 아래 놓여 있을 때에는 놀 수 없는 법이다.

　구속救贖은 놀 수 있는 자유를 회복시켜준다. 이 견해는 자유가 놀이의 기초라는 점을 반영한다. 또한 한편으로는 자유를 두려워하는 사람들은 놀이를 반대하는 자들임을 시사한다. 이런 의미에서, 놀이는 오직 태초의 무죄한 상태에서만 혹은 의로움이 완전히 회복된 상태에서만 가능한 습관이 아니다. 놀이는 그 중간기에도 일어날 수 있다. 하나님의 피조물로서 우리가 놀이하는 것은 그 역사적인 동산과 미래의 낙원 사이에 살고 있기 때문에 가능한 것이다. 그 역사적인 동산에서는 놀이할 필요가 없는데, 거기서는 '가장'의 요소가 아직 출현하지 않았기 때문이다. 그리고 미래의 낙원에서는 놀이가 무의미할 터인데, 거기에 이르면 그 '가장'의 측면이 이미 실현되었을 것이기 때문이다.

놀이하는 교회

우리에게 인간적인 생기를 주는 놀이의 영은 교회라고 불리는 집합체 속에도 현존하고 있다. 이런 주장이 어색하게 느껴지는 이유는 성령이 놀이의 개념과 연관되는 경우가 드물고, 교회 활동이 놀이로 불리는 경우도 드물기 때문이다. 초기 교회는 주변 문화의 방탕한 모습에 반발하여 교회가 진지하게 취급되지 않는 것을 거부했던 것으로 보인다. 그래서 교회의 활발한 성격이 아주 뚜렷이 보이는 순간—이를테면, 열심히 찬양하는 순간—에도 그것을 묘사하는 데 놀이라는 용어를 거의 사용하지

않는다. 교회와 성령과 놀이의 상관관계는 신학자들보다 문화
인류학자들이 더 분명하게 보는 것 같다.

프랭크 매닝 Frank E. Manning은 버뮤다 교회에 관한 흥미진진한
연구에서 "놀이의 한 형태로서의 오순절 운동"에 대해 탐구했
다.[9] 이 공동체의 상징적 양상을 연구
하면서 놀이하는 교회를 이해하는 데
도움이 되는 몇 가지 사항을 진술했
다. 첫째, 그 교회의 예배에는 우리가
용납할 만한, 아니 기대할 만한 놀이
의 차원이 있다고 한다. "예배의 첫
시간은 격식을 차리지 않은 형태로 진행된다. 무대에서 성가대
와 열두어 명의 음악가들이 인도하여 낯익은 찬송을 스무 번도
넘게 반복하며, 교인들은 노래를 부르고 손뼉을 치며 이따금 춤
도 춘다."[10]

이런 축제 분위기에 힘입어 목사는 농담꾼 역할을 수행한다.
"한번은 목사가 최근에 과속으로 법정에 서서 유죄판결을 받은
것을 농담조로 이야기하면서, '과속하는 귀신'이 그의 발에 뛰
어들어 그가 무슨 짓을 하는지 깨닫기도 전에 제한 속도를 초과
하게 만들었다고 했다."[11] 또 어느 날은, 그 목사가 귀신이 아닌
술에 취한 한 젊은이를 두고 귀신을 쫓아내려고 하다가 그가 토

어린이나 어른이 창조적인 존재가
되고, 지·정·의를 갖추기 위해서
는 '놀이'를 해야 하며, 사람이 자
아를 발견하는 일은 오직 창조적인
존재가 될 때에야 가능하다.
_ D. W. 위니코트

하는 모습을 보고는 "우리는 오늘 밤에 정말로 성령이 용솟음치는 것을 느꼈습니다"라고 말했다.[12] 그런 상황에서 한 농담은 교인들로 하여금 하나님께 자신의 삶을 바치고 행로를 바꾸려는 그 젊은이의 다짐에 동정적으로 반응하게 해주고, 또한 한 교인의 말처럼 "그는 정말 완전히 취해 있었다"[13]는 사실을 인정하게 했다.

인생의 진정한 목적은 놀이하는 것이다. _ G. K. 체스터턴

이와 관련하여 매닝이 진술하는 두 번째 사항은 복음전도와 오락 사이에는 상관관계가 있다는 것이다. "교회 예배는 두 가지 명확한 목표가 있다. 하나는 구원의 복음을 전하는 일이고, 다른 하나는 오락의 형태로 예배하는 것이다. 이 두 가지는 덕을 세우는 일과 즐거움을, 지옥불 설교와 평범한 농담을, 거룩함과 연극을, 엄숙한 경건과 속된 유머를 서로 묶어준다. 이런 이중적인 목적은 교인들에게 교회에 가는 이유를 물었을 때 나온 응답에 잘 나타나 있다. 그것은 '주님 안에서 좋은 시간을 보내기 위해서'다."[14] 이와 같은 복음전도와 오락 간의 상관관계는 일반적으로 교인들이 경험하는 사회질서, 즉 술집을 경박한 곳으로 여기고 교회가 절제의 대명사로 일컬어지는 질서를 바꾸어놓는다. 여기서는 복음전도와 오락이 서로 놀도록 허용되기 때문이다.

매닝이 진술한 세 번째 사항은 오순절 운동에서 성령은 놀이

와 크게 연관되어 있다는 점이다. "오순절 운동의 상징적인 이원론은 성령을 중심으로 움직인다. … 성령은 신성함과 익살을 지닌 양면적 존재로 이해된다. 그는 가장 신성하며, 동시에 삼위일체 가운데 가장 놀기 좋아하는 위격이기도 하다."[15] 교회는 놀이하는 곳이어야 한다는 사상은 대다수 교회 전통의 흐름에 거스르는 물결이며, 특히 청교도의 영향을 받은 전통일수록 더욱 그러하다.[16]

음표를 연주하는 교회

니케아 신경을 작성한 사람들은 "교회의 본질적인 특징이 무엇인가?"라는 질문에 대한 답변을 찾으려고 애썼다. 그들의 답변은 이러했다. 교회란 "하나의, 거룩한, 보편적이고, 사도적인" 공동체라는 것. 이런 특징을 **교회의 표지** *notae ecclesia*라고 불렀다. 이런 표지들이 있는 곳에 교회가 있다는 뜻이다. 이런 표지 혹은 특징들은 그에 못지않게 중요한 신약 교회의 네 가지 요소와 연관 지어도 좋다. 곧 **케리그마**(*kerygma*, 선포), **코이노니아**(*koinonia*, 교제), **디아코니아**(*diakonia*, 봉사), **디다케**(*didache*, 가르침)다. 교회의 하나 됨은 예수 그리스도의 선포에 있고, 교회의 거룩함은 그 공동체적 성격에 있고, 교회의 보편성은 타인에 대한 봉사에 있으며, 교회의 사도적 사명은 대대로 믿음을 가르치는 일이다. 내가 주장하고 싶은 것은 놀이의 요소가 교회의 상징적인 모습뿐 아니라 그 본질에도 들어 있다는 점이다.

한 이론가에 따르면, 놀이는 우리 시대 특유의 신화가 되었다고 한다.[17] 서양 사상에서 놀이가 수행하는 기본적인 역할을 감안하면, 이런 특징이 현대적인 양상인지 여부는 논란의 여지가 있다. 하지만 만일 놀이가 우리의 신화라면, 그것은 신비적인 범주로 그 모습을 드러내야 한다. 데이비드 밀러는 신화학자인 조셉 캠벨Joseph Campbell의 연구에 힘입어 놀이는 실질적인 신화에 요구되는 사중적인 기능을 지니고 있다고 주장한다. 첫째, 놀이는 경외감과 경이감을 일으키는 심미적·영적 기능을 지니고 있다. 둘째, 놀이는 이 세계를 더 잘 이해하도록 돕는 시적·자연적 기능을 지니고 있다. 셋째, 놀이는 공동체에 창조적인 틀을 제공하는 변형적·사회적 기능을 지니고 있다. 끝으로, 놀이는 인간의 정신을 이해하도록 돕는 치료적·심리학적 기능을 지니고 있다.

그렇다면 교회의 표지와 실질적인 놀이 신화의 특징을 서로 연관지을 경우, 놀이가 교회의 본질의 중심에 있다고 보는 것이 가능할까? 나는 충분히 그럴 수 있다고 주장한다. 전통적으로 이해하는 교회의 표지는 '교회란 하나의, 거룩한, 보편적이고, 사도적인' 공동체라는 것이다. 그런데 이런 표지들은 교회의 본질일 뿐 아니라 교회가 연주하는 음표이기도 하다. 이런 음표들은 다양한 조합으로 연주되어 독특한 화음을 만들어낸다. 그러기 때문에 진정한 교회의 모습은 다양한 형태를 지닐 수 있는 것이다. 교회의 힘은 그 자체의 음표를 연주할 수 있는 능력에 뿌리내리고 있다.

두 음조로 연주하는 교회

그러면 오늘날 교회는 어떤 연주에 관여해야 할까? 지나치게 단순화하는 것인지 모르겠지만, 미국의 교회는 두 가지 지배적인 음조에 따라 연주하고 있다고 말하고 싶다. 그리스-로마 세계에서는 게임을 두 가지 방식으로 정의했다. 그리스인들은 게임을 경쟁으로 보았고, 경쟁자들을 위해 그것을 계획하며 그들에게 초점을 맞추었다. 그들은 참여하도록 부추겼다. 이런 경쟁은 경쟁자들 사이에 일종의 감정이입을 창출했다. 그들은 게임에 참가하는 데 따르는 희생을 잘 이해하고 있었다. 따라서 서로 존경하는 마음을 품고 있었다. 이런 이유로 바울은 게임을 그리스도인의 삶을 묘사하는 비유로 사용한 것이다.

한편, 로마인들은 게임을 구경거리와 오락으로 보았고, 구경꾼을 위해 그것을 계획하며 그들에게 초점을 맞추었다. 그들은 초연하도록 격려했다. 이런 초연한 태도 때문에 게임이 잔인한 성격을 띠게 된 것이다. 구경꾼들은 게임의 희생자가 겪는 고통을 느낄 수 없기 때문에 피에 대한 굶주림이 만연했다. 그런 게임은 또한 사람들 사이에서 사회적 계층화를 강화하는 역할도 했다. 바울은 그런 게임을 통해 야만적인 잔인성이 밝히 드러난다고 생각했다. 그래서 몰트만은 이런 말을 한 것이다. "현대의 독재자들은 스포츠 이벤트를 후원하기 좋아한다. 그들은 사람들이 동일시할 수 있는 고도로 훈련된 프로 선수들, 사람들에게 자부심을 품게 할 만한 선수들을 지원해준다."[18]

> 문명화된 삶의 거대한 본능적인 힘은 모두 신화와 의례에 뿌리를 두고 있다. 법과 질서, 상업과 이윤, 솜씨와 기술, 시, 지혜와 과학 등이 그에 속한다. 이 모두 원시적인 놀이의 토양에 뿌리내리고 있다.
> _요한 하위징아

전통 교회와 초대형 교회의 차이점을 이해하려면 다음과 같이 조심스럽게 비교해보면 된다. 전통 교회는 교인들의 삶에서 참여의 측면에 초점을 맞추었으나, 그 참여가 점차적으로 놀이의 특성을 잃어버린 나머지 금방 단순한 노동이나 일거리로 전락하고 말았다. 그래서 이런 교회의 교인들은 소외된 참여자라고 느끼기 십상이다. 이에 비해 초대형 교회는 예배의 멋진 구경거리에 초점을 맞추었으나, 그 구경거리가 놀이의 특성을 잃어버린 나머지 금방 단조로운 광경으로 전락하고 말았다. 그래서 이런 교회의 교인들은 초연한 구경꾼이라고 느끼기 십상이다. 이 양자의 경우, 교회의 음표를 좀 더 조화롭게 연주함으로써 그 본질적인 면을 회복할 수 있을 것이다.

놀이는 이제까지 사람이 가장 몰두할 만한 관심사였다.
프랭크 캐플런

놀이하는 우주

놀이의 영은 인간의 내면생활과 공적 삶에 존재하고 또 교회생활의 보이는 차원과 보이지 않는 차원에도 존재할 뿐 아니라, 우주의 시작과 끝에도 존재하고 있다. 놀이가 우주와 연관되어 있다는 사상은 다음과 같은 헤라클리투스의 주장에서 볼 수 있다. "이 세계의 흐름은 놀이판 위의 형상들을 움직이며 노는 어린아이와 같다. 그것은 어린아이의 왕국이다." 놀이와 우주의 관계는 서구적인 개념만은 아니다. 힌두교에도 릴라*lila*라는 용어가 있는데, 이는 우주를 포함한 모든 것을 절대 신의 창조적인 놀이의 산물로 묘사하는 말이다.

또한 나는 우주와 놀이에 관한 애초의 생각이 과연 타당한지 여부를 살펴보고자 한다. 우주의 특징은 카오스가 아니라 임의성에 있다. 우주는 변덕스러움이 아니라 이성을 그 특징으로 삼는다. 카오스는 형체나 규율이 없는 물질이다. 변덕스러움은 의도나 목표가 없는 행동이다. 임의성은 계속해서 새로운 형태들과 새로운 규율들을 창조하여 그런 것을 밝히 드러낸다. 이성은 운동에 도덕성을 제공해준다.

> 어린이들에게는 놀 수 있는 자유와 시간이 필요하다. 놀이는 사치품이 아니라 필수품이다.
> _ 케이 레드필드 재미슨

놀이가 우주의 일차적 원리다. 그것은 이성과 임의성이다. 놀이는 형체와 자유의 균형을 잡아준다. 하나님의 존재는 '지적 설계'나 이성에 호소한다고 증명되는 것이 아니며, '무한한 변이'나 임의성에 호소한다고 반증되는 것도 아니다. 하나님의 존재는 오직 놀이를 통해 즐거워할 수 있을 뿐이다. 우주에서 형체와 자유 사이의 균형은 우주론적 스펙트럼의 양극단에 뚜렷이 드러난다. 그것은 곧 창조와 완성을 일컫는다. 가장 큰 우주론적 질문은 "우주가 어떻게 시작되었는가?" 하는 것과 "우주가 어떻게 끝날 것인가?" 하는 것이다.

하나님, 창조 그리고 놀이

기독교가 말하는 창조의 전통에서 우주의 중심에 놀이가 있다는 사실이 가려진 것은 역사적 싸움, 곧 하나님이 물질세계의 창조자라는 주장과 또 다른 신적 창조 원리가 우주의 창조를 담당했다는 주장 간의 싸움 때문이 아닐까 하는 생각이 든다. 이 또 다른 신적 창조 원리는 소위 조물주demiurge로 알려져 있었다. 이 원리의 내력을 충분히 설명하는 일은 이 책의 범위를 훨씬 넘어서는 것인 만큼, 여기서는 이 '조물주'라는 단어가 '공적인 일꾼' 혹은 '숙련된 장인匠人'이란 뜻임을 아는 것으로 충분하겠다. 창조가 일을 내포하고 있다는 사상은 플라톤을 비롯한 여러 사람이 포착한 바 있다.

전통적인 기독교는 창조가 곧 일이었다고 강조하는 입장, 즉 모종의 신적 노력이나 선재하던 물질을 전제로 삼은 그런 입장에 반론을 제기하기 위해 소위 무無로부터의 창조 또는 절대명령에 의한 창조를 강조했다. 하나님은 "그대로 될지어다"라고 말씀하심으로 무로부터 무언가를 창조하신다는 것이다. 최근에는 나를 비롯한 여러 기독교 사상가가 하나님을 일꾼이나 노동자로 생각하는 사상을 회복하면 하나님의 행위를 이해하는 데 도움이 된다고 주장했다.[19] 그러나 그런 일꾼의 개념만으로는 하나님의 활동을 완전히 그려내지 못할 것이라고 나는 생각한다.

그러면 하나님의 창조 활동을 놀이로 생각한다는 것은 무슨 뜻인가? 제임스 웰던 존슨James Weldon Johnson의 시 〈창조 The Creation〉는 하나님의 창조 활동을 놀이의 견지에서 잘 묘사하고 있다. 이 시에 담긴 놀이의 차원을 모두 설명하는 일은 다음 기회로 미루어야겠

> 새로운 무엇을 창조하는 일은 지성이 아니라 놀이 본능에 의해 실현된다. _ 칼 융

지만, 시인이 그리는 것은 미소를 짓는 엉뚱한 하나님의 이미지다. 이 시에 대한 전통적인 해석은 하나님이 지닌 일꾼의 이미지를 강조하면서 인간의 창조를 묘사하는 대목에 초점을 맞추곤 했으나, 이 시의 중심 대목은 미소 짓는 장난기 많은 하나님을 묘사하고 있다. 우주의 창조를 묘사하는 부분에서 놀이를 강조하는 이 시의 특징이 크게 부각된다.[20] 어쩌면 하나님의 창조 활동을 일이나 추상적인 행위로 묘사하기보다는 놀이로 표현하는 편이 나을 것 같다. 일은 필연성과 강제성을 함축하고 있다. 추상적인 행위는 단절과 변덕을 함축하고 있다. 그러나 놀이는 바람직하지만 필연적이지는 않다. 놀이는 연속적이지만 변덕스럽지는 않다.

하나님, 완성 그리고 놀이

1964년에 독일 신학자인 위르겐 몰트만은 《희망의 신학 *A Theology of Hope*》이라는 획기적인 책을 출간했다. 그는 이 책에서 신학이 전통적으로 창조의 개념을 하나님의 움직임을 이해하는 출발점으로 삼아왔다고 주장했다. 그런데 역사 속의 하나님을 이해하려면 종말과 함께 시작해야 한다는 것이 그의 주장이다. 종말론이 신학의 출발점이

> 만일 당신이 창조적인 인물이 되고 싶으면, 부분적으로나마 어린이로 남으라. 어린이의 특징인 창조성과 독창성이 성인 사회에 의해 망가지기 전에 그런 특성을 그대로 간직하라. _ 장 피아제

되어야 한다는 말이다. 그래서 독일을 비롯한 유럽 사상가들과 대화하는 형식으로 역사에서의 희망의 의미를 깊이 성찰했다. 그는 하나님은 이미 존재하고 있는 것보다는 앞으로 존재할 수 있는 것에 비추어 보아야만 제대로 이해할 수 있다고 결론을 내렸다. 역사로 올바로 이해하면 거기에는 온갖 가능성과 잠재성과 새로운 것이 가득하다고 했다.

몰트만은 《희망의 신학》에 대한 일부 단호한 비판에 대응하여 1972년에 《놀이의 신학 *Theology of Play*》이라는 책을 출간했는데, 놀이의 개념을 탐구한 결과물이다. 이 책에서는 마침내 동일한 역사관을 약간 다른 각도에서 접근하게 된다. "기독교의 종말론

은 역사의 종말을 일종의 은퇴나 봉급날이나 목적 달성으로 생각한 적이 없고, 오히려 그것을 한없는 기쁨을 노래하는 찬송과 같이 전혀 목적이 없는 날로 간주했다. … 기독교적으로 생각하면, 역사의 최종 목적은 전혀 목적이 없는 것인 셈이다."[21] 그렇다면 만물의 종말은 목적이 없는 상태, 필연성에서 해방된 상태, 경이감과 경외심과 동경심을 자유로이 품을 수 있는 상태라고 할 수 있다. 그런즉 만물의 종말은 놀이의 특징을 지니고 있는 것이다.

이제 놀이의 영에 관한 논의를 마무리하는 시점에 이르렀으니, 예전에 방영된 텔레비전 시리즈물인 〈환상특급Twilight Zone〉에서 이야기를 끌어오는 게 좋겠다. 한 도박꾼이 죽은 뒤에 눈을 떠보니 자신이 누워 있는 곳은 모든 것이 희고 깨끗한 세상이었다. 거기서 그 장소를 장식하고 있는 아름다운 여인들을 보고, 마침내 원하는 것을 말하기만 하면 무엇이든 가질 수 있다고 일러주는 주인을 만난다. 그는 과거의 생활에 대해 생각하다가 카지노를 원한다고 말하자, 순식간에 카지노가 나타난다. 그는 카지노에 들어가서 포커 테이블에 앉는다. 딜러가 카드를 나눠주는데, 그 도박꾼은 에이스 네 장과 조커 한 장을 받았다. 포커 게임에서 아무도 이길 수 없는 패였다. 그는 흥분해서 현기증이 날 지경이다. 딴 돈을 챙긴 뒤에 룰렛 쪽으로 가는데, 거기서도 회전할 때마다 이긴다. 그뿐 아니라 슬롯머신과 블랙잭에서도 이긴다. 무슨 게임을 하든지 모두 이기는 것이다. 자신이 언제나 이길 줄을 안 그는 전혀 전율이 느껴지지 않아서 낙담에 빠진다. 그는 주인을 불러서 이런 환경은 고맙지만 자신의 생활 방식으로 보건대 왜, 어떻게 천국에 오게 되었는지 모르겠다고 말한다.

날마다 이기는 것은 재미가 없다. 그는 천국을 떠나 '다른 곳'으로 가게 해달라고 부탁한다. 그때 주인은 그 도박꾼에게 '여기가 그 다른 곳'이라고 밝힌다. 이 이야기에 담긴 통찰은, 천국을 언제나 이기는 곳으로 생각하는 우리의 관념이 잘못되었다는 것이다. 천국은, 게임은 종료되었으나 놀이는 결코 끝나지 않는 곳이다.

–
하나님의 창조 활동은
놀이터를 만드신 일 속에 뚜렷이 드러난다.
그리고 놀 만한 장소가 없다고 느끼는 사람들에게는
바로 이 세계가 꿈꾸는 놀이터이다.

온 세상에서 벌이는 놀이

이 짧은 놀이 연구서는 소박한 목표를 추구했다. 그것은 미국의 전반적 맥락에서 그리고 구체적으로는 아프리카계 미국인의 맥락에서 놀이를 종교적 습관으로 이해하는 것이다. 그런데 주목해야 할 점은 놀이가 여가 계층의 이해관계나 여가 시간의 존재 여부에 매여 있지 않다는 것이다. 놀이는 사람들로 하여금 인생을 견디고 경영하고 즐기도록 해주는 기본적인 인간 습관이다. 놀이는 자유롭고 창조적이고 순종적이고 충성스러운 특징을 지니고 있다.

세계적인 습관으로서의 놀이

놀이는 세계적인 습관이다. 모든 인간 사회의 일부다. 법과 같이 인간 공동체의 필수 요소다. 놀이로 통하는 것이 문화에 따라 무척 다양하겠지만, 각 사회는 어쨌든 놀지 않으면 안 된다. 바로 이런 이유로 우리는 놀이의 개념을 신학적 모티브로 택할 수 있는 것이다. 1970년대에는 종교와 신학 분야에서 놀이 개념에 상당한 관심을 보였다. 하지만 최근에는 놀이에 관한 대화가 주로 인류학자들, 사회학자들, 교육가들, 철학자들을 중심으로 진행되고 있다. 놀이라는 것이 보편적이고 공통적이며 일상적인 습관인 만큼 신학자들도 그 대화에 새롭게 참여할 필요가 있다. 그래야만 실제 사람들의 실제 삶 속에 신학의 발판을 마련할 수 있을 것이다. 놀이는 신학자의 관심사와 청중의 관심사를 서로 묶어주는 확실한 끈과 같다.

후고 라너의 책,《놀이하는 인간》이 출간된 이후에 놀이신학의 필요성은 널리 인정되었다. 그러나 그런 놀이신학 *theologia ludens*이 취할 모양새와 방향과 논조는 여가 중심의 삶에 불만을 느끼는 포스트모던 시대에 비추어 규정할 필요가 있다. 미국의 경우, 베이비부머 세대가 은퇴할 나이에 이름에 따라 이제는 끝없는 여가를 중심으로 삶을 정돈하고픈 열망이 사그라지고 있다(스트레스가 많은 근무일에는 그런 말이 얼마나 달콤하게 들릴지 몰라도). 창조적인 활동이 없는 여가와 지극히 창조적인 놀이를 구분하는 선을 더욱 분명히 그어야 한다. 베이비부머 세대는 부모

세대보다 더 길게 게임에 몸담고 싶어 한다. 그들은 계속 놀고 싶어 한다. 가난한 나라, 가난한 문화가 풍족한 문화와 접촉하면 놀이에 대한 호기심도 커지고 놀고 싶은 욕망도 증가하기 마련이다. 다양한 문화적·정치적·종교적 배경을 지니고 있는 놀이는 좀 더 세계적인 차원의 새로운 놀이신학을 요구하게 될 것이다.

새로운 놀이신학의 정립을 위하여

우리는 결론적으로 새로운 놀이신학의 전망에 관해 두 가지 사항을 말할 수 있다. 첫째, 놀이는 신학적 주제로서 진지하게 다루어야 할 사안이다. 데이비드 밀러는 놀이신학에 관해 다음과 같이 말한다. "그러므로 놀이신학은 놀이의 주제 아래 전통적 신앙의 교리를 해석하는 등 놀이에 **관한** 신학이 되는 것으로는 충분치 않다. 놀이신학이 무심코 우스운 신학이 되는 것을 피하려고 한다면, 그것으로 충분치 않다는 말이다. 그보다 더 많은 것이 필요하다. 그것은 놀이에 **관한** 신학이 되어야 할 뿐 아니라 놀이에 **의한**, 놀이를 **위한**, 놀이의 신학이 되어야 한다."[1] 밀러의 이 글은 수십 년 전에 쓰였지만 그 기본적인 통찰은 새로운 놀이신학의 정립에 반드시 포함되어야 한다.

둘째, 놀이는 신학에 낯선 주제가 아니다. 참으로 신학을 이해하려면 그 속에 놀이의 요소가 있다는 것을 인정해야 한다. 위르겐 몰트만은 이렇게 말한다. "첫눈에 비치는 기독교 신학은 실로 인간의 필요를 덜어주는 **실천적인 이론**이다. 이를테면 설교의 이론, 사역과 봉사의 이론 같은 것들이다. 그러나 다시 한번 쳐다보면, 하나님을 무척 기뻐하는 것이고, 하나님의 은혜로 생각과 언어와 이미지와 노래로 표현하는 **자유로운 놀이**이기도 하다는 것을 알게 된다."[2]

우리는 현재 엄청난 부와 극심한 가난, 눈부신 의학의 발전과 옛 전염병으로 인한 죽음, 놀라운 탐욕과 그보다 더 놀라운 희생이 공존하는 세계에 살고 있다. 만일 우리가 이 책에서 개진한 주장이 옳다면, 놀이의 회복이 우리의 자유를 되찾고 우리의 인간성을 인식하는 데 이르는 첫걸음이라 할 수 있다. 나는 14개월 된 손자 크리스천 제임스가 머리를 뒤로 젖힌 채 별다른 목표도 없이 팔을 벌리고 달리는 모습, 기쁨에 겨워 활짝 웃는 모습을 볼 때면 그런 원시적인 자유와 인간성으로 산다는 것이 무슨 뜻인지 알게 된다. 신학자인 나는 놀이로 초대하는 것 말고는 달리 반응할 길이 없다. "놀자!"

1. 놀이란 무엇인가?

1. 놀이의 개념을 다룬 학문적인 문헌이 상당히 많기 때문에 여기서 훑어
   보는 것은 부분적인 개관에 불과하다. 여기서 다루는 사상가들은 첫째
   로 이 분야의 토대를 놓은 인물들이고, 둘째로 이 프로젝트가 다루는
   세 가지 주요 질문에 응답하는 면에서 나름대로 기여한 바가 있는 사
   람들이다. 한 가지 단서가 더 있다. 놀이에 관한 연구를 보면 동물과
   어린이를 대상으로 삼은 것이 상당히 많다. 놀이와 어린이의 발달에
   관한 연구서로는 다음 두 권이 대표적이다. Catherine Garvey, *Play*
   (Cambridge: Harvard University Press, 1977), Jerome S. Brunner
   et al., eds., *Play: Its Role in Development and Evolution* (New
   York: Basic, 1976). 이 책의 3장은 동물의 놀이에 관한 연구를 하나
   의 본보기로 들고 있다. 하지만 이 책의 목적상 우리가 잠정적으로 상
   정하는 놀이의 개념은 주로 우리가 알고 있는 이 세계를 가로질러 우

리의 길을 찾아가는 성숙한 인간의 과업과 관련이 있다.

2. Karl Groos, *The Paly of Man* (New York: D. Appleton, 1916), p. 2.

3. Johan Huizinga, *Homo Ludens: A Study of the Play Element in Culture* (Boston: Beacon, 1955), p. 3. 《호모 루덴스》, 연암서가.

4. 같은 책, p. 4.

5. 같은 책, p. 173.

6. Roger Callois, *Man, Play, and Games* (New York: Free Press of Glencoe, 1961), p. 9.

7. Brian Sutton-Smith, *The Ambiguity of Play* (Cambridge: Harvard University Press, 1977), p. vii.

8. Brian Sutton-Smith, "Recapitulation Redressed," in Jaipaul L. Roopnarine, ed., *Conceptual, Social-Cognitive, and Contextual Issues in the Fields of Play* (Westport, Conn.: Ablex, 2002), p. 7.

9. 같은 책, p. 17.

10. Brian Sutton-Smith, ed., *Play and Learning* (New York: Gardner, 1979), p. 308.

11. M. J. Ellis, *Why People Play* (Englewood Cliffs, N. J.: Prentice-Hall, 1973); Susanna Miller, *The Psychology of Play*(Baltimore: Penguin, 1968); Mihai I. Spariosu, *Dionysus Reborn: Play and*

the Aesthetic Dimension in Modern Philosophical and Scientific Discourse (Ithaca, N. Y.: Cornell University Press, 1989); David Cohen, *The Development of Play* (Washington Square: New York University Press, 1987)를 보라.

12. 미메시스(*mimesis*, 흉내)의 개념을 다룬 가장 유명하고 흥미로운 책은 Erich Auerbach의 *Mimesis: The Representation of Reality in Western Literature* (Princeton: Princeton University Press, 1953)다. 이 저서는 대체로 두 고전─호머의 《오디세이》와 성경─이 세계를 표상하는 방식들을 비교하는 작업에 기초한 것이다. 요컨대, 전자가 세계를 표상하는 방식은 "완전히 외면화된 묘사, 획일적인 실례, 중단 없는 연결, 자유로운 표현, 모든 사건의 전면적인 부상, 명확한 뜻 제시, 희소한 역사적 발달 요소와 심리적 관점 등"이다. 후자가 세계를 표상하는 방식을 보면, "특정 부분들은 선명하게 드러나는 반면에 다른 부분들은 모호한 상태로 남는 것, 갑작스러움, 미처 표현되지 않은 것의 암묵적인 영향력, '배경적' 특질, 복수의 뜻과 해석의 필요성, 보편적·역사적인 주장들, 역사적인 생성 개념의 발달, 문제에 몰두하는 모습 등"을 들 수 있다. 한마디로 고대 그리스의 비극보다는 성경이 놀이의 여지를 허용한다고 볼 수 있다. 이런 미메시스의 요소는 게임(특히 비디오 게임)을 연구하는 게임학과의 연관성 속에서 뚜렷이 드러나는데, 거기서는 복잡성의 수준이 그

게임을 '실제처럼' 만든다.

2. 어둠 속의 놀이

1. Mihai I. Spariosu, *The Wreath of Wild Olive: Play, Liminality, and the Study of Literature* (Albany, N. Y.: SUNY Press, 1977).

2. 같은 책, p. 33.

3. 같은 책, p. 34-35.

4. Toni Morrison, *Playing in the Dark: Whiteness and the Literary Imagnation* (New York: Random, 1992), p. viii.

5. 같은 책, p. 5.

6. 같은 책, p. 7.

7. 같은 책, p. 9.

8. 같은 책, p. 17.

9. 같은 책, p. 90.

10. 같은 책, p. 4.

11. Joseph Conrad, *Heart of Darkness* (New York: Penguin, 1981), p. 9. 《암흑의 핵심》, 민음사.

12. 같은 책, p. 10.

13. 같은 책, p. 31.

14. 같은 책, p. 95.

15. 같은 책, p. 24.

16. 같은 책, p. 51.

17. 같은 책, p. 87.

18. 같은 책, pp. 52-53.

19. 같은 책, p. 65.

20. Riggins R. Earl Jr., *Dark Symbols, Obscure Signs: God, Self, and Community in the Slave Mind* (Maryknoll, N. Y.: Orbis, 1993).

21. 같은 책, p. 149.

22. 같은 책, p. 150.

23. 같은 책, p. 154.

24. Dwight N. Hopkins, *Down, Up, and Over: Slave Religion and Black Theology* (Minneapolis: Fortress Press, 2000), p. 51.

25. 물론 누군가는 청교도들도 그들 나름의 놀이에 참여했다고 주장할 수도 있겠지만, 청교도의 원리는 일을 일차적인 창조 활동과 구속 활동으로 보는 것이었다고 나는 확신한다.

26. Hopkins, *Down, Up, and Over*, p. 114.

27. 같은 책, p. 116.

28. 같은 책, p. 117.

29. 같은 책, p. 119.

30. George Herbert Mead, *Play, School, and Society*, ed. Mary Jo Deegan (New York: Peter Lang, 1999), liii. 미드는 고전적인 책, *Mind, Self and Society*, ed. Charles Morris (Chicago: University of Chicago Press, 1934)로 가장 잘 알려져 있을 것이다. 이 장의 목적상 그가 쓴 다음의 글도 참고하라. "The Relation of Play to Education," *University Record*, Chicago 1 (May 22, 1896): pp. 141-145.

31. Mead, *Play, School, and Society*, lxxvi에서 재인용. 듀이는 다작의 저자로서 아마 *School and Society* (Chicago: University of Chicago Press, 1900)이란 책으로 가장 유명할 것이다. 이 장의 목적상 그가 쓴 다음의 글도 참고하라. "Play" in *A Cyclopedia of Education*, vol. 4, ed. *Paul Monroe* (New York: Macmillan, 1913), pp. 725-727.

32. Mead, *Play, School, and Society*, xc에서 재인용. 애덤스는 아마 *Twenty Years at Hull House* (New York: Macmillan, 1910)라는 책으로 가장 잘 알려졌을 것이다. 이 장의 목적상 그녀가 쓴 다음의 글도 참고하라. "Work and Play as Factors in Education," *Chautauquan* 42 (November 1905), pp. 251-255.

33. Bernard Mergen, *Play and Playthings: A Reference Guide*

(Westport, Conn.: Greemwood, 1982).

34. 같은 책, p. 39.

35. 같은 책, p. 51.

36. Brian Sutton-Smith, *The Ambiguity of Play* (Cambridge: Harvard University Press, 1977), p. 9.

37. Zora Neale Hurston, *Their Eyes Were Watching God* (Urbana: Unversity of Illinois Press, 1978), p. 30. 《그들의 눈은 신을 보고 있었다》, 문학과지성사.

38. 같은 책, p. 44.

39. 같은 책, p. 46.

40. 같은 책, p. 124.

41. 같은 책, p. 146.

42. 같은 책, p. 155.

43. 같은 책, p. 161.

44. 같은 책, p. 167.

45. 같은 책, p. 169.

46. 같은 책, p. 210.

47. 같은 책, p. 171.

48. 같은 책, p. 187.

49. 같은 책, p. 192.

50. 같은 책, p. 194.

51. 같은 책, p. 199.

52. 같은 책, p. 200.

53. 같은 책, p. xv.

54. 같은 책, p. 236.

55. 야구장은 획일성과 다양성이 모두 어우러진 흥미로운 놀이터다. 보스턴의 펜웨이 파크와 시카고의 리글리 필드와 같이 구장마다 다른 점이 있다. 그러나 투수 마운드의 높이와 베이스 간의 거리는 모두 똑같다.

56. 사실상 무한한 놀이 시간이라는 것은 존재하지 않는다. 그러나 끝없는 놀이 시간이란 개념은 여가 계급의 출현과 관련이 있다. 하지만 끝없는 여가라는 환상은 극소수 엘리트에게만 가능한 일이다. 아마도 그래서 크리켓(며칠 동안 계속될 수도 있는)과 테니스가 엘리트 계층에서 인기가 좋은 것 같다.

3. 놀이꾼은 미워하지 말고 게임을 미워하라

1. Roger Callois, *Man, Play, and Games* (New York: Free Press of Glencoe, 1961), p. viii.

2. Mihai I. Spariosu, *Dionysus Reborn: Play and the Aesthetic*

Dimension in Modern Philosophical and Scientific Discourse (Ithaca, N. Y.: Cornell University Press, 1989), p. 20.

3. 그리스도론에 관한 주요 이슈가 잘 요약된 책으로는, Alister E. McGrath, *The Christian Theology Reader* (Oxford: Blackwell, 2001).

4. 충분한 논의를 위해 G. E. Lessing의 "On the Proof of Spirit and Power"를 보라.

5. Peter L. Berger, *The Heretical Imperative* (New York: Doubleday, 1980).

6. Jaroslav Pelikan, *Jesus through the Centuries: His Place in the History of Culture* (New York: Harper, 1987).

7. Jaipaul L. Roopnarine, ed., *Conceptual, Social-Cognitive, and Contextual Issues in the Fields of Play* (Westport, Conn.: Ablex, 2002), p. 4.

8. 같은 책.

9. 내가 쓴 책, *We Shall All Be Changed: Social Transformation and Theological Renewal* (Minneapolis: Fortress Press, 1997)을 참고하라. 이 책에서 나는 예수가 나름대로 명예·수치의 콤플렉스를 저항하고 극복했다고 주장했다.

10. deSilva, David A. Honor, *Patronage, Kinship, and Purity:*

Unlocking New Testament Culture (Downers Grove, Ill.: InterVarsity, 2000), p. 25.

11. Roopnarine, *Conecptual ⋯ Issues* 5.

12. Ralph Abernathy, "Leisure Time for the Poor," *Spectrum* 48 (January-February 1972): pp. 11-12, p. 14.

13. Evans, *We Shall All Be Changed*. 특히 명예와 수치를 다루는 부분에서 이런 문화 제도가 낳는 해로운 결과를, 은혜가 어떻게 완화하는지 잘 묘사했다.

14. Jerome S. Bruner et al., eds., *Play* (New York: Basic, 1976), p. 166.

15. Brian Sutton-Smith, ed., *Play and Learning* (New York: Gardner, 1979).

16. Robert K. Johnston, *The Christian at Play* (Grand Rapids: Eerdmans, 1983), p. 38.

17. 같은 책, p. 36.

18. John Dominic Crossan, *God and Empire: Jesus against Rome, Then and Now* (New York: HarperCollins, 2007)을 보라. 《하나님과 제국》, 포이에마. Richard A. Horsley, *Jesus and Empire: The Kingddom of God and the New World Disorder* (Minneapolis: Fortress Press, 2003)도 보라.

19. 마 12:1-12, 막 2:23-3:4, 눅 6:1-9, 요 5:9-18.

20. Johnston, *Christian at Play*, p. 41.

21. Rubem A. Alves, *Tomorrow's Child: Imagination, Creativity, and the Rebirth of Culture* (New York: Harper, 1972), p. 93.

22. Ernst Käsemann, *Jesus Means Freedom* (Philadelphia: Fortress Press, 1969), p. 10.

23. Ruth E. Burke, *The Games of Poetics: Ludic Criticism and Postmodern Fiction* (New York: Peter Lang, 1994), p. 26.

24. Anthony D. Pellegrini, "Perception of Playfighting and Real Fightong: Effects of Sex and Participant Status," in *Roopnarine, Conceptual ⋯ Issues*, p. 223-234.

25. Clifford Geertz, *The Interpretation of Culture* (New York: Basic, 1973), p. 27.

26. Mihai I. Spariosu, *Dionysus Reborn: Play and the Aesthetic Dimension in Modern Philosophical and Scientific Discourse* (Ithaca, N. Y.: Cornell University Press, 1989), p. 6.

27. Brian Sutton-Smith, *The Ambiguity of Play* (Cambridge: Harvard University Press, 1997), p. 10.

4. 놀이하는 인간, 교회 그리고 우주

1. Maya Angelou, *I Know Why the Caged Bird Sings* (New York: Random, 1969).

2. 배교(그리스어로는 *apostasia*, '반란')란 세례를 받은 사람이 기독교를 완전히 버리는 것을 뜻한다. 초기 교회에서는 이 죄를 살인과 간음과 더불어 용서받을 수 없는 세 가지 죄에 포함했다. 배교는 종교적 실천에서의 방종함과 기독교 교리 중 일부를 공식적으로 부인하는 이단과는 구별할 필요가 있다. 로마가톨릭의 교회법은 배교라는 용어를, 종신 서약을 하고도 적절한 절차를 밟지 않은 채 종교 생활을 떠나는 수도사나 수녀의 경우를 가리키는 데도 사용한다. 이 배교라는 단어는 무슨 종교든 신앙을 버리는 것을 묘사하는 말로 사용할 수도 있다.

3. Jürgen Moltmann, *Theology of Play* (New York: Harper, 1972), p. 21.

4. David L. Miller, *God and Games: Toward a Theology of Play* (New York: Harper, 1970), p. 154.

5. Frank E. Manning, "The Rediscovery of Religious Play: A Pentecostal Case," in David F. Lancy and B. Allan Tindall, eds., *The Anthropological Study of Play: Problems and Prospects*

(Cornwall: Leisure, n. d.), p. 145.

6. Hugo Rahner, *Man at Play* (New York: Herder, 1967).

7. Moltmann, *Theology of Play*, p. 57.

8. 같은 책, p. 13.

9. Manning, "Rediscovery of Religious Play," p. 140.

10. 같은 책.

11. 같은 책, p. 141.

12. 같은 책, p. 143.

13. 같은 책, p. 144.

14. 같은 책.

15. 같은 책.

16. "이 둘을 갈라놓은 것은 프로테스탄트 종교개혁이었는데, 이 운동은 놀이에 죄스러운 시간 낭비라는 딱지를 붙여놓은 반면에 합리적인 금욕을 윤리적 행위의 모델로 이상화했다." 위의 책, p. 145.

17. Miller, *God and Games*.

18. Moltmann, *Theology of Play*, p. 7.

19. 내 책 *We Have Been Believers: An African American Systematic Theology* (Minneapolis: Fortress Press, 1992)를 보라.

20. James Weldon Johnson, *God's Trombones* (New York: Viking, 1927).

21. Moltmann, *Theology of Play*, p. 34, 36.

에필로그 : 온 세상에서 벌이는 놀이

1. David L. Miller, *God and Games: Toward a Theology of Play* (New York: Harper, 1970), p. 159.

2. Jürgen Moltmann, *Theology of Play* (New York: Harper, 1972), p. 27.

추천
도서

여기에 열거된 책들은 저자가 이 책을 쓸 때 참고한 것들이며, 독자들에게
추천하는 도서들이다.

1. Roger Callois. *Man, Play and Games*. Urbana and Chicago:
University of Illinois Press, 1961. 카이와는 하위징아의 저서에 의존하
여 놀이 개념에 대한 체계적인 접근을 제공한다. 프랑스 지식인인 카이와
는 철학과 문학 비평과 사회학 등 여러 분야에서 아이디어를 끌어내는 특
이한 학자다.

2. Joseph Conrad. *Heart of Darkness*. J. M. Dent, London: Orion
Publishing Group, 1899. 콘래드는 폴란드 출생의 영국 소설가로서 문학
분야에서 모더니즘 운동을 개척한 선구자로 알려져 있다. 그의 소설들은
인간 영혼의 심층과 복잡성을 탐구한다.

3. Riggins R. Earl, Jr. *Dark Symbols, Obscure Signs: God, Self and Community in the Slave Mind*. Maryknoll, New York: Orbis Books, 1993. 얼은 신학자로서 그의 저술은 주로 아프리카 노예들이 신세계에서 겪은 경험의 윤리적 차원에 초점을 맞추고 있다. 이 자료는 흑인 삶의 에토스를 형성한 다면적 기호와 상징들의 역할을 탐구한다.

4. Dwight Hopkins. *Down, Up and Over: Slave Religion and Black Theology*. Minneapolis: Fortress Press., 2000. 홉킨스는 신학자로서 그의 건설적인 작품은 노예 이야기라고 불리는 선집에 표현된 아프리카 노예들의 경험을 심층적으로 탐구하고 있다. 이 저서에서는 "해 뜰 때부터 해 질 때까지"를 아프리카 노예들이 주인에게 속한 시간대로 묘사하고, "해 질 때부터 해 뜰 때까지"를 그들 자신의 것이라 할 수 있는 시간대로 묘사한 뒤에 각각의 의미를 탐구한다.

5. Johan Huizinga. *Homo Ludens: A Study of the Play-Element in Culture*. Boston: Beacon Press, 1950. 하위징아는 네덜란드 역사학자로서 중세와 르네상스를 전공했다. 이 고전적인 텍스트는 놀이가 인간 문화를 형성하는 일차적 요소일 수 있다는 가능성을 탐구하고 있다.

6. Jürgen Moltman. *Theology of Play*. New York: Harper and

Row, 1972. 몰트만은 《희망의 신학》의 저자로 가장 잘 알려진 독일의 프로테스탄트 신학자다. 그의 신학에 기쁨이 없다는 비판에 대한 반응으로 집필한 이 텍스트는 신학이 지닌 놀이의 측면을 탐구한 것이다.

1. 놀이와 게임은 어떤 관계인가? 혹시 우리 문화에서 게임이 실생활과
   너무나 닮은 나머지 놀이의 본질을 잃어버린 경우를 본 적이 있는가?

2. 부유한 사회에서 즐기는 놀이와 가난한 사회에서 즐기는 놀이는 서로
   어떤 차이가 있는가? 우리 시대에 놀이의 중요성을 간과하게 만드는
   걸림돌은, 놀이를 '단순한 여가 활동'이라 치부해버리는 생각이다. 그
   런데 놀이와 여가는 어떻게 다른가?

3. 아프리카계 미국인 문화에서 놀이는 어떤 독특한 특징을 지니고 있는
   가? 사람들은 소외되고 억압받는 사람들 가운데서 벌어지는 놀이를
   크게 오해하는 경향이 있다.

4. 오늘날 우리의 종교적 습관과 신학적 성찰에서 놀이의 요소를 거의
   찾아볼 수 없는 이유는 무엇인가? 우리가 놀이를 좀 더 폭넓게, 또한

깊이 이해하면 새로운 신학적 통찰을 얻고 종교적 습관을 더욱 풍요롭게 만들 수 있을 것이다.

5. 오늘날 한국 사회는 놀이를 어떤 시각으로 보고 있는가? 한국 교회에서는 어떤 놀이 문화가 형성되어 있는가? 이 책을 통해 배운 통찰 가운데 한국 교회에 적용할 만한 것은 무엇인가?

"참된 기독교 신앙은
매일의 평범한 일과 속에 스며든다."

일상의 신학 시리즈 삶과 신앙의 일치를 돕는 빛나는 성찰!
특별할 것 없는 지금 여기에서 거룩함을 피워내는 일상의 재발견!